MARCO POLO

LA PALMA

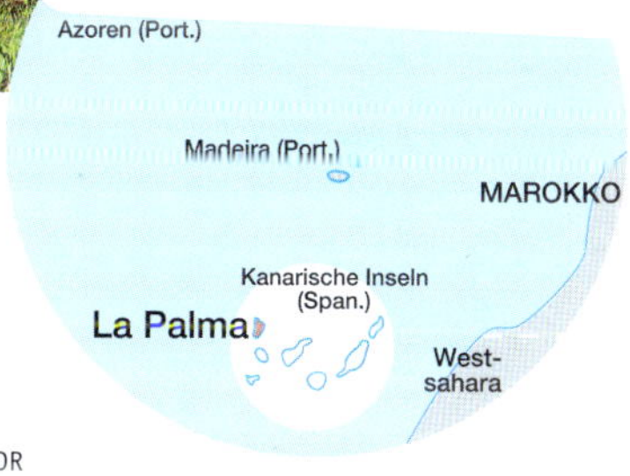

MARCO POLO AUTOR

Horst H. Schulz

José nannten ihn seine Nachbarn auf La Palma, weil sie das H nicht aussprechen konnten. Zwölf Jahre lebte er auf der Insel, zwischen Fischern und Weinbauern, die ihm mit vielen Geschichten das Ur-La-Palma näher brachten. Horst Schulz arbeitet als freier Reisejournalist – verfasste Reisereportagen u. a. für Die Zeit, FAZ, GEO Saison, Merian, abenteuer& reisen etc. – und als Stadtführer in Berlin

REIN INS ERLEBEN

Mit dem digitalen Service von MARCO POLO sind Sie noch unbeschwerter unterwegs: Auf den Erlebnistouren zielsicher von A nach B navigieren oder aktuelle Infos abrufen – das und mehr ist nur noch einen Fingertipp entfernt.

Hier geht's lang zu den digitalen Extras:

http://go.marcopolo.de/lap

Touren-App

Ganz einfach orientieren und jederzeit wissen, wo genau Sie gerade sind: Die praktische App zu den Erlebnistouren sorgt dank Offline-Karte und Navigation dafür, dass Sie immer auf dem richtigen Weg sind. Außerdem zeigen Nummern alle empfohlenen Aktivitäten, Genuss-, Kultur- und Shoppingtipps entlang der Tour an.

HTTP://GO.MARCOPOLO.DE/LAP

Update-Service

Immer auf dem neuesten Stand in Ihrer Destination sein: Der Online-Update-Service bietet Ihnen nicht nur aktuelle Tipps und Termine, sondern auch Änderungen von Öffnungszeiten, Preisen oder anderen Angaben zu den Reiseführerinhalten. Einfach als PDF ausdrucken oder für Smartphone, Tablet oder E-Reader herunterladen.

SYMBOLE

- INSIDER TIPP Insider-Tipp
- ★ Highlight
- ●●●● Best of ...
- Schöne Aussicht
- Grün & fair: für ökologische oder faire Aspekte
- (*) Kostenpflichtige Telefonnummer

PREISKATEGORIEN HOTELS

€€€	über 50 Euro
€€	30–50 Euro
€	bis 30 Euro

Die Preise gelten für zwei Personen im Doppelzimmer pro Nacht ohne (€€€ mit) Frühstück

PREISKATEGORIEN RESTAURANTS

€€€	über 15 Euro
€€	10–15 Euro
€	bis 10 Euro

Die Preise gelten für ein Hauptgericht ohne Getränke

GUT ZU WISSEN
Geschichtstabelle → S. 14
Bücher & Filme → S. 25
Spezialitäten → S. 28
Das größte Inselfest → S. 37
Palme als Stammbaum → S. 40
Blütenteppiche → S. 50
Sternengucker → S. 69
Wetter → S. 102
Was kostet wie viel? → S. 103

KARTEN IM BAND
(110 A1) Seitenzahlen und Koordinaten verweisen auf den Reiseatlas
(0) Ort/Adresse liegt außerhalb des Kartenausschnitts
Es sind auch die Objekte mit Koordinaten versehen, die nicht im Reiseatlas stehen

(🗺 A–B 2–3) verweist auf die herausnehmbare Faltkarte

UMSCHLAG VORN:
Die wichtigsten Highlights

UMSCHLAG HINTEN:
Stadtplan von Santa Cruz, Übersichtskarte der Kanarischen Inseln

Die besten MARCO POLO Insider-Tipps

Von allen Insider-Tipps finden Sie hier die 15 besten

INSIDER TIPP Palmerische Handwerkskunst

Die Kirche El Salvador in Santa Cruz hat eine der prächtigsten *Decken im Mudejarstil* auf den Kanarischen Inseln → S. 39

INSIDER TIPP Skulpturen im Park

In Los Llanos de Aridane stehen im *Parque Antonio Gómez Felipe* Werke des Künstlers Luis Morera zwischen alten Bäumen → S. 57

INSIDER TIPP Beim Espresso auf dem richtigen Dampfer

Einst buchte man hier die Schiffsreise in die weite Welt, jetzt residiert im ehemaligen Büro der Trasmediteranea in Santa Cruz das *Café Don Manuel* und sein preisgekrönter Barista mit dem „besten Espresso Spaniens" → S. 40

INSIDER TIPP Wie kommt der Tabak nach La Palma?

Diese und andere Fragen werden Ihnen im *Zigarrenmuseum* in Breña Alta beantwortet → S. 48

INSIDER TIPP Beim Ringkampf kommt Stimmung auf

Beim typisch kanarischen Ringkampf, der *lucha canaria*, geht es hoch her. Ansehen können Sie sich das Spektakel beispielsweise in Mazo → S. 50

INSIDER TIPP Palmerische Weine zum Probieren

Im *Museo de Vino* in Las Manchas werden Geschichte und Herstellung des Inselweins lebendig und fachkundig dargestellt. Sie können palmerische Weine verkosten: schweren Malvasía, leichten weißen aus dem Norden oder roten aus Mazo → S. 56

INSIDER TIPP Ein Platz mit Ausstrahlung

Der palmerische Künstler Luis Morera hat sich bei der Gestaltung der *Plaza La Glorieta* in Las Manchas etwas einfallen lassen: Die bunten Mosaiken auf dem Boden erinnern an antike griechische Fußböden → S. 56

INSIDER TIPP Logieren in historischer Hacienda

In einem restaurierten Herrenhaus aus der Zeit des Zuckeranbaus übernachten: Das 2012 eröffnete *Hotel Hacienda de Abajo* macht's möglich (Foto li.) → S. 63

INSIDER TIPP Weiß wie Schnee ...

... leuchten die Salzpyramiden in La Palmas einzigen *Salinen*, wenn das Wasser in den großen Becken verdunstet ist und das Salz zurückbleibt → S. 47

INSIDER TIPP Astro-Tourismus

Sterne beobachten von speziellen „Himmelsaussichtspunkten" oder mit professionellem Tourenführer → S. 20, 93

INSIDER TIPP Wale beobachten

Mit dem Spezialschlauchboot zum Waleaufspüren: Erfahrene Skipper und fachkundige Guides machen die *Waltour* zu einem Erlebnis – wenn ein Meeressäuger gefunden wird → S. 63

INSIDER TIPP Wo Geschichte atmet

In *Argual* liegt eine der Wurzeln des großbäuerlichen La Palmas. Auf dem von Herrenhäusern umgebenen großen Platz fühlen Sie sich in die spanische Kolonialzeit zurückversetzt → S. 59

INSIDER TIPP Hängepartie zwischen den Wipfeln

Hier können große und kleine Kletterer ihren Mut testen: auf den Hängebrücken im *Hochseilgarten* von El Pilar → S. 94

INSIDER TIPP Kontakte knüpfen

Mit palmerischen Familien ins Gespräch kommen können Sie leicht beim sonntäglichen Picknick in *El Fayal* (Foto u.) → S. 95

INSIDER TIPP Teppiche aus Blumen ...

... bedecken Straßen und Plätze in *Mazo an Fronleichnam* – wahre Kunstwerke aus bunten Samen, Blüten und Gräsern, in wochenlanger Arbeit von den Frauen des Orts miteinander verflochten → S. 96

BEST OF ...

TOLLE ORTE ZUM NULLTARIF

Neues entdecken und den Geldbeutel schonen

SPAREN

Ein ehrenwertes Haus ...

... ist die *Casa Salazar*. Einst die Mitgift einer edlen Dame, heute ein Beispiel erlesener palmerischer Baukunst mit lauschigem Innenhof und umlaufendem Balkon. Vielleicht findet auch gerade eine Kunstausstellung statt → S. 38

Kunst aus Glas

Wie aus flüssigem Glas farbenfrohe Kunstwerke entstehen, demonstrieren die Glasbläser des *Glasstudios Artefuego* in Argual in der Nähe von Los Llanos kostenlos jeden Sonntag → S. 60

Zu Besuch beim Lehrer

... sind Sie in der *Casa del maestro* in Tijarafe. Dort bekommen Sie einen plastischen Einblick in das Leben einer palmerischen Familie des 19. Jhs., als Schule und Lehrerwohnung reichlich beengt unter einem Dach untergebracht waren → S. 71

Den Töpfern zuschauen

In *El Molino* in Mazo entstehen Repliken der Guanchentöpferkunst, und Neugierige können dabei zusehen, ohne dafür einen Cent zu bezahlen. Im Laden können sie sich dann später ihr Lieblingsstück der schwarzen Töpferware kaufen → S. 50

Sterne sehen ...

... können Sie zwar nicht, wohl aber entdecken, wie ein Teleskop aussieht und wie es funktioniert: bei einem Besuch im *Observatorium* auf dem Roque de los Muchachos, La Palmas höchstem Berg. Der Eintritt ist frei (Foto) → S. 69

Bauern vor mehr als 200 Jahren

In einem Bauernhaus aus dem frühen 18. Jh. in Puntallana zeigt das *Museo Etnografico Casa Luján* mit antiken Möbeln und Haushaltsgeräten, wie die Großbauern vor mehr als 200 Jahren auf La Palma lebten. Dazu gibt es draußen eine schöne Terrasse zum Ausruhen und drinnen eine Auswahl an palmerischem Kunstgewerbe → S. 43

TYPISCH LA PALMA

Das erleben Sie nur hier

Auf dem Dach der Insel

Fast 2500 m hoch erhebt sich der *Roque de Los Muchachos* aus der Mitte La Palmas. Hinaufzukommen dauert selbst mit dem Auto lang. Aber dann, oben angelangt, liegt einem die Insel mit unvergesslicher Aussicht buchstäblich zu Füßen → S. 68

Inselgold zum Anfassen

La Palma ohne Bananen wäre wie Köln ohne Dom. Die goldene Frucht ist überall zum Greifen nah: Im Norden bei Las Sauces genauso wie im Süden bei Tazacorte, wo Sie im *Bananenmuseum* Ihr Wissen über die Frucht vertiefen können (Foto) → S. 62

Santa Cruz de La Palma

Die *Inselhauptstadt* repräsentiert in vielerlei Hinsicht noch immer das alte La Palma. Kultur, Architektur, Hafen, das größte Inselfest – Santa Cruz hat die Insel geprägt → S. 36

Die andere Hauptstadt

Los Llanos de Aridane steht für das neuere, touristische, wirtschaftliche La Palma. Geschäfte für Touristen, Handwerk und Landwirtschaft, modernere Gebäude, touristischere Restaurants und ein lebhafteres Straßenleben ziehen Besucher an → S. 57

Ort der Ruhe

Der Tourismus hat sich auf der Insel ausgebreitet. Doch es gibt noch immer Ecken, wo ein Fremder selten seinen Fuß hinsetzt – zu weit, zu umständlich ist die Anreise. Ein solcher Ort ist *El Tablado* im äußersten Norden. Es braucht Zeit, um dort hinzugelangen → S. 69

Reise in die Urzeit

Wer wissen möchte, wie La Palma entstanden ist, welche geologischen Ereignisse die Insel geformt haben, der schaue sich bei freiem Eintritt die permanente Ausstellung im *Centro de Visitantes*, dem Besucherzentrum des Nationalparks in El Paso an → S. 55

Badefreuden mit schwarzem Sand

Die wenigen Strände auf der Insel haben schwarzen Sand. Vielleicht ungewohnt, dennoch unerlässlicher Teil der Badefreuden in *Puerto Naos*, dem familienfreundlichen und bekanntesten Strand → S. 61

TYPISCH

BEST OF ...

SCHÖN, AUCH WENN ES REGNET

Aktivitäten, die Laune machen

Seitenwechsel

La Palma ist eine der wenigen Inseln mit *zwei Wetterseiten*. Während es auf der Ostseite häufiger regnet, wird der Regen von den Bergen daran gehindert, in den Westen zu ziehen. Ein Phänomen, das Sie nutzen können! → S. 14

Hafensicht

Während ein paar Meter weiter der Regen prasselt, stehen – oder sitzen – Sie auf der *Terrasse der Marina* in Santa Cruz, schauen dem Treiben im Segelhafen zu oder beobachten die Fähren, Kreuzfahrtschiffe und Bananenfrachter → S. 39

Schwimmen in der Halle

Im *Baltavida*, dem größten Hallensportzentrum der Insel, schwimmen Sie bei Regen, ohne von oben nass zu werden → S. 50

REGEN

Ein Museumstag

Die Auswahl an Inselmuseen ist groß. Ob Sie sich für die Geschichte der Insel, für alte Handwerke, für Zigarrenproduktion, für Wein oder Bananen interessieren, fast alle Orte haben diesbezüglich etwas zu bieten, wie wäre es z. B. mit dem *Seidenmuseum* in El Paso? (Foto) → S. 54

Markthallenbesuch

Die *Markthallen* in Santa Cruz und Los Llanos sind wegen der alten Gebäude und, besonders samstags, ihres quirligen Marktlebens reizvoll. Während die Produkte in Los Llanos sich vorwiegend an Touristen richten, kauft in Santa Cruz eher die einheimische Hausfrau → S. 39, 58

Dem Regen zuschauen

Im Restaurant der *Hacienda San Jorge* lässt sich – mit einer deutschen Zeitung (gibt's im Hotel-Minimarkt), einem frischen Fruchtsaft und bester Sicht auf das satte Grün der Apartmentanlage – wunderbar ein Regennachmittag verbringen → S. 42

ENTSPANNT ZURÜCKLEHNEN

Durchatmen, genießen und verwöhnen lassen

● *Stadtleben in Ruhe*

Nach der anstrengenden Besichtigungstour lockt das Café-Restaurant *La Placeta* in Santa Cruz. Lassen Sie sich auf der Terrasse nieder, Strecken Sie die Füße aus und genießen Sie ganz in Ruhe das Treiben auf dem hübschen kleinen Platz → S. 41

● *Neue Energie mit Yoga & Co.*

In der Wellnessoase *Buddhacasa* bei Las Manchas führen viele Wege zur Entspannung: etwa unterschiedliche Massagen, Ayurveda-Kuren oder Yoga-Retreats → S. 58

● *Einen Abend auf See verbummeln*

Einige Stunden, in kleiner Gruppe, mit Sekt und mehrgängigem Menü, in abgelegenen Buchten Meeresluft atmen. Und falls Sie irgendwann genug vom leise plätschernden Müßiggang haben sollten, können Sie vom *Boot* aus schnorcheln oder schwimmen gehen. Ein Ausflug auf der *Bussard* macht's möglich → S. 63

● *Sonnenuntergang zur Auswahl*

Die besten Aussichtspunkte für einen grandiosen Sonnenuntergang befinden sich auf La Palmas Westseite. Der Blick von *El Time* in 600 m Höhe ist absolut spektakulär. Tipp: Nehmen Sie einen Picknickkorb oder zumindest einen Drink mit, dann ist Ihr romantischer Abend perfekt → S. 60

● *Musik im Theater*

Nach einem heißen Tag draußen in der Natur bietet ein Konzertbesuch angenehme Entspannung. Im *Teatro Circo de Marte* in Santa Cruz werden Tangomusik und südamerikanische Boleros ebenso gespielt wie klassische Cellomusik → S. 39

● *Tapas und Zikaden*

Auf der *Plaza de España* in Los Llanos sitzen Sie nett unter mächtigen Lorbeerbäumen, aus denen gegen Abend die eine oder andere Zikade ertönt, und können so den Tag wunderbar entspannt ausklingen lassen → S. 59

AUFTAKT

ENTDECKEN SIE LA PALMA!

Wie ein Herz liegt die rund 700 km^2 große Insel am westlichen Rand des Kanarischen Archipels. Die Spitze des Herzens zeigt nach Süden, und im Norden hat es mit 29 km seine breiteste Ausdehnung. So stellt sich der Blick aus der Vogelperspektive dar. Nähert man sich mit dem Schiff, bietet sich ein anderer Anblick: Als mächtiger Scherenschnitt erhebt sich die Insel abrupt aus dem Atlantik, und vom Seeniveau aus wirken die Höhenzüge – bis zu 2500 m steigen sie auf – noch gewaltiger.

La Palma ist vulkanischen Ursprungs. Vor etwa 20 Mio. Jahren ist die Insel mit einer gewaltigen Eruption aus dem Ozean hervorgekommen. Der ***Vulkanismus*** hat Geografie, Flora und Fauna sowie das Leben der Menschen bestimmt. Heute schlummern die Vulkane; der letzte Ausbruch auf La Palma war 1971, als der Teneguía Feuer und Asche spie. Inselbesucher erwartet eine vulkanisch-gebirgige Landschaft, die überwiegend mit Kiefernwäldern und Kulturpflanzen bewachsen ist, jedoch auch einige nackte Vulkankegel mit zum Teil gewaltigen Lava- und Ascheausläufern aufweist. Auch einer der größten Erosionskrater der Erde ist zu bestaunen. Strände dagegen sind rar gesät.

Bild: Roque de los Muchachos

Typisch La Palma: schwarzer Sand, hier am Strand von Los Cancajos

La Palma ist eine grüne Insel. Sie wird im Herbst und Winter mitunter vom Regen verwöhnt, was bei Feriengästen oft Enttäuschung hervorruft. Doch der ***Regen*** spendet das unentbehrliche Wasser für die Landwirtschaft, die immer noch größte Bedeutung für die Wirtschaft La Palmas hat. Die Insel mit einer Nord-Süd-Ausdehnung von etwa 47 km wird durch einen Gebirgskamm, die ***Cumbre***, in eine feuchtere Ost- und eine trockenere Westhälfte geteilt: Die Cumbre steht quer zu den einfallenden Passatwinden. Die von ihnen herangeführten Wolken regnen auf der Ostseite ab. Wie krass dieser Gegensatz sein kann, erfahren Sie, wenn Sie vom Osten durch die Cumbre nach Westen fahren. ● Sowie Sie den Straßentunnel passiert haben, herrscht strahlender Sonnenschein, während im Ostteil der Himmel womöglich wolkenverhangen ist.

In den niedrigen Küstenzonen herrscht ***subtropisches Klima***. Bananen, Mangos, Ananas und Papayas gedeihen hier. Ab etwa 400 m Höhe wachsen Palmen, Wein,

Um 250 v. Chr. Erste Siedlungen auf La Palma

29.9.1492 Beginn der Eroberung La Palmas durch den Spanier Alonso Fernández de Lugo

Etwa 1500–50 Blüte des Zuckerrohranbaus

1553 Der französische Korsar François Le Clerc überfällt die Hauptstadt und brennt sie nieder

18. Jh. Erste Emigrationen nach Amerika

1773 In Santa Cruz de la Palma konstituiert sich die erste

Aprikosen, Pfirsiche, Kartoffeln, Süßkartoffeln und Getreide. Ab 1200 m schließlich folgen Lorbeer- und Maronenbäume sowie die ***Kanarische Kiefer*** *(Pinus canariensis)*, die nur auf dem Kanarischen Archipel wächst. Sie bedeckt fast ein Drittel der Inseloberfläche und ist relativ feuerresistent, sodass sie nach den im Sommer häufig vorkommenden Bränden meist erneut ausschlägt. Über viele Jahrhunderte hatte sie einen hohen ökonomischen Wert, weil ihr eisenhartes Kernholz, *tea* genannt, als Bauholz genutzt wurde. In alten Inselkirchen sieht man noch Teaholzdecken, die nach Hunderten von Jahren fast wie neu wirken.

Auf dieser Insel der Kontraste mit ihren hohen Bergen, schroffen Graten, Lavafeldern, Pinien- und Lorbeerwäldern sowie Bananenplantagen, mit Temperaturen zum Schwitzen und zum Frieren leben rund 80 000 Menschen, davon etwa 18 000 in der Hauptstadt ***Santa Cruz de la Palma***. Die Hafenstadt war jahrhundertelang der letzte Zwischenstopp für die vielen kanarischen und spanischen Emigranten, die in mehreren Wellen nach Venezuela und Kuba auswanderten. Abgesehen von dieser Transitfunktion war La Palma relativ isoliert vom Rest der Welt. Mitunter störten Piraten die Ruhe der Insulaner. Einige kleinere Kastelle in der Hauptstadt erinnern an diese Zeit.

Santa Cruz: lange Zeit der letzte Zwischenstopp für Emigranten

Der ***Handel*** mit Zucker, Wein, Kartoffeln und Zwiebeln brachte zunächst nicht den entscheidenden kulturellen Austausch mit anderen Ländern. Erst der Anbau der Ba-

demokratisch gewählte Bürgerschaft Spaniens

1863 Mit „El Time" erscheint die erste Zeitung auf La Palma

1888 Niedergang der Cochenille-(Färberlaus-)Kultur mit anschließender Emigrationswelle nach Amerika

Ab 1894 Kultivierung der Banane in großem Stil

1927 Entstehung zweier kanarischer Provinzen, La Palma gehört zur Provinz Teneriffa

1982 Autonomie der Kanarischen Inseln

nane, im 19. Jh. von den Engländern begonnen, öffnete die Insel mehr und mehr für neue Ideen. Doch die Palmeros behielten lange ihre Identität, die mit den neuen Kommunikationsmöglichkeiten und dem Tourismus langsam aufgeweicht wird. Der frühe Tourismus begann etwa um 1960.

Die meisten ***Palmeros*** sind zurückhaltend, oft *tímido,* was schüchtern oder scheu bedeutet. Dies mag die Folge jahrhundertelanger Fremdbestimmung durch Großgrundbesitzer und Statthalter der fernen Regierung in Madrid sein (heute haben die Kanaren Autonomiestatus). Das zurückhaltende Wesen der Insulaner bedeutet jedoch nicht, dass sie unfreundlich im Umgang mit Touristen wären. Spricht man Einheimische, womöglich in ihrer eigenen Sprache, an, so erweisen sie sich meistens als freundlich und hilfsbereit, begierig, über ihre Heimat zu erzählen.

Auf La Palma werden Sie auf ***Reste traditioneller Strukturen*** treffen. Dazu gehört auch die Ruhe, mit der Geschäfte abgewickelt und Auskünfte erteilt werden. Dank intensiver Förderung seitens der Behörden werden traditionelle Künste und Gebräuche gepflegt, die nicht zu bloßem Touristenspektakel verkommen sind. Die jahrhundertealten Traditionen der Seidenspinnerei, Weberei, Stickerei und Korbflechterei sind lebendig und werden hauptsächlich von Frauen betrieben. Die Männer drehen Zigarren, stampfen mit den Füßen den Most aus Trauben, töpfern und bearbeiten das Land. Alle gemeinsam pflegen ihre Folkloremusik, feiern zahlreiche Feste, besuchen Viehmärkte, veranstalten ausgelassene sonntägliche Picknicks mit der Familie, nehmen an feierlichen Prozessionen teil und zeigen ihren Stolz auf die kanarische Heimat. Zur kulturellen Eigenständigkeit gehören auch die jahrhundertealten Kirchen, die Bürgerhäuser in den größeren Orten, die Kolonialbauten in der Hauptstadt, die Landsitze und Weinbodegas, die sich in den Feldern ducken.

Traditionelle Künste und Gebräuche sind lebendig

Doch aus ***Europa*** kommende Verordnungen haben inzwischen viele insulare Eigenarten geglättet. Die Nebenerwerbswinzer können ihren Wein nicht mehr in den Bars auf dem Land verkaufen, es sei denn, sie unterwerfen sich einer langen bürokratischen Genehmigungsprozedur, die von Weinanalysen bis hin zur Etikettierung reicht. Genauso geschieht es bei zahlreichen bäuerlichen Produzenten von Ziegenkäse. Diese

1993 Für die Kanarischen Inseln gilt eingeschränkter EU-Status

2004 Fertigstellung der über 300 m langen Bogenbrücke über den Barranco

2008 Der Hafen von Santa Cruz wird zur Außengrenze der EU deklariert

2011 Fertigstellung des Flughafengebäudes und der Marina in Santa Cruz

2015 Bei den Kommunalwahlen verlieren die großen Volksparteien Stimmen. Es kommt zu Koalitionen mit der neuen linken Partei „Podemos"

Besticht überall – wie hier an der Plaza España – durch hübsche Häuser: Santa Cruz

palmerische Spezialität darf nicht mehr in der Küche der Bäuerin, sondern muss in einem separaten, gefliesten und mit fließendem Wasser versehenen Raum hergestellt und mit einem Etikett versehen werden – erhebliche Zusatzkosten für die Bauern.

Immerhin: Beim Bau des Flughafens wurde an die Umwelt gedacht

Erkenntnisse eines nachhaltigen und schonenden ***Tourismus*** haben sich auf der Insel kaum niedergeschlagen. Noch immer wird in jedem Supermarkt auch der kleinste Einkauf in mittlerweile kostenpflichtigen Plastiktüten verpackt, und in vielen Hotels gibt es keine Hinweise für den Gast, mit Wasser oder Wäsche sparsam umzugehen. „Groß" scheint stattdessen angesagt zu sein. Das 2011 eröffnete Flughafengebäude oder die Anlage eines imposanten Strandes mitten in der Hauptstadt werfen nicht nur bei kritischen Palmeros Fragen über deren Notwendigkeit auf. Allerdings wurden beim Bau des Flughafens durchaus Umweltaspekte berücksichtigt: So liefern zwei Windgeneratoren 60 Prozent der benötigten Energie und fast 600 m² Fotovoltaikplatten Strom und Heißwasser für den Flughafen. Die Außenwände sind mit hitzeabsorbierendem Vulkangestein verkleidet, und eine spezielle Konstruktion gewährt eine energiesparende Belüftung des Gebäudes. Interessant ist, dass das Flughafenpersonal von der Verwaltung in Umweltfragen geschult wurde. Insofern hat der Flughafen von La Palma, trotz seiner vergleichsweise gigantischen Ausmaße, Vorbildcharakter.

Mag auch der Flugplatz dem Ankommenden Insel-Massentourismus suggerieren, die Insel La Palma ist immer noch ein ***Wander- und Naturparadies***, wo Besucher sich auf abgelegenen Wegen erholen und mitunter Überraschendes entdecken können.

IM TREND

1 Kleider machen Leute

Neues Modebewusstsein Was Sie in puncto Mode auf den Straßen von Madrid oder Berlin beobachten können, sehen Sie auch auf La Palma. Vorreiter ist Los Llanos, wohl wegen der dort lebenden vielen europäischen Residenten. Längst sind hier die gängigen Mode- und Funktionskleidungs-Labels vertreten. Aber auch immer mehr Kleidung und Accessoires *made in La Palma* gibt es zu entdecken, wie etwa die hübschen handgefertigten Taschen bei *La Palmerita (Calle Pino de Virgen, 7 | Puntagorda).*

2 Landpartie

Casas Rurales Aus alten Landhäusern wie der *Juana Quinta (Camino La Alameda, 17 | Mazo)*, der *Hacienda La Centenaria (Calle El Pilar, 14 | El Paso)* oder der *Casa Los Abuelos B (Calle Arécida, 16 | Tijarafe)* werden Pensionen mit normalem touristischen Standard, mitunter noch mit einem hübschen Einrichtungsstück des Vermieters. Sie liegen fernab des Trubels, in Obstgärten, wo Avocados, Mandeln und Orangen gedeihen. Manchmal werden auch ehemalige Stallgebäude oder Bodegas ausgebaut und modernisiert.

3 Sightpaddling

Per Kajak Entdecken Sie La Palma vom Meer aus. *Buceo Sub Aguatours (www.aguatours.info) (Foto)* veranstaltet kleine Touren entlang der Steilküste auf der Ostseite der Insel. Mutige dringen in Höhlen vor, Sonnenliebhaber gehen an einsamen Stränden vor Anker. Kajakwandern an der Westküste organisiert *Partner4LaPalma (Calle General Yagüe, 13 | Los Llanos de Aridane | www.partner4lapalma.com)*. Je nach Kondition und Teilnehmerwünschen bekommt jeder seine ganz individuelle Tour zusammengestellt.

Auf La Palma gibt es viel Neues zu entdecken. Das Spannendste auf diesen Seiten

Ökoessen

4

Veränderte Ernährung Der Begriff „ökologisch" war auf La Palma lange nur unter Experten ein Begriff. Seit sich auf den Kanarischen Inseln, auch bedingt durch den Tourismus, die Medien immer häufiger mit gesunder Ernährung befassen, ist ein verändertes Kaufverhalten zu beobachten. In den Einkaufswagen im Supermarkt findet sich plötzlich Exotisches wie Dinkelmehl, die kleinen Weinbauer verzichten zunehmend auf Chemie. Der Andrang auf den *mercadillos*, wo Brot, Käse und vieles mehr direkt vom Erzeuger feilgeboten werden, ist riesig. Und es gibt auch Bioläden, etwa in El Paso *(El Campo | Carretera General, 1)* oder in Santa Cruz *(Hierba Buena | Calle Abreu, 4)*.

Lauffieber

5

Tag und Nacht auf Joggingtour Spätestens seit der Transvulcania (s. S. 25) boomt der Laufsport. Wer sonntags morgens vom Hafen Santa Cruz am Meer entlang ins 5 km entfernte Los Cancajos spaziert, wird nicht selten von Joggern überholt, ebenso zwischen den Bananenplantagen von Puerto Naos nach El Remo oder auf einem stillgelegten Straßenabschnitt vor Los Sauces – alle relativ ebene Strecken. Es geht aber auch anspruchsvoller zu. In Tijarafe etwa laufen um die 400 Teilnehmer (Tendenz steigend) im Licht des Augustvollmonds den 25 km langen *Full Moon Trail (www.fullmoontrail.es)*. In San Pedro veranstaltet die Gemeinde einen Berglauf, und in Los Llanos gehts beim *Urban Night Lauf (www.urbannightrun.com)* durch die nächtliche Stadt. Immer mehr Gemeinden haben den Trend erkannt und bauen Läufe ins Programm ihrer Ortsfeste ein, eine Supermaktkette rief den *Copa Spar* ins Leben.

FAKTEN, MENSCHEN & NEWS

ARCHITEKTUR

Auch auf La Palma ist typisch kanarische Architektur zu sehen. Macht man eine grobe Unterscheidung nach städtischer und ländlicher Bauweise, so ist Erstere mehr vom iberischen Festland bestimmt, von Andalusien, Portugal und Galicien. Besonders in Santa Cruz sind wohlproportionierte, kühle Innenhöfe in diesem traditionellen Stil erbaut worden: mit Holzgalerien und den sehr hohen Fenstern mit metallenen Balkongittern.

Die ländliche Bauweise wurde vom Klima und den vorhandenen Materialien traditionell beeinflusst. Das Ergebnis waren die typischen kanarischen Häuser, denen man auf La Palma immer noch auf Schritt und Tritt begegnet. Sie haben mächtige Steinwände, kleine Fenster, niedrige Türen, Dachziegel nach arabischer Art und im Innern die hölzernen Walmdecken.

ASTRONOMISCHE AUSSICHTSPUNKTE

La Palma gilt, auch dank eines entsprechenden Gesetzes gegen „Lichtverschmutzung", als Insel mit besonders klarem Himmel. Man muss nicht das Observatorium (s. S. 69) besuchen, um dieses Phänomen zu genießen. An vielen Punkten der Insel wurden INSIDER TIPP astronomische Aussichtspunkte eingerichtet, mit Tafeln von Sternbildern, Erklärungen und Hinweisen. So kann man sich bei Dunkelheit an einem deutlichen Sternenhimmel erfreuen. Mittlerweile gibt es fast 20 dieser Aussichtspunkte auf der Insel, eine Liste finden Sie unter short.travel/lap13.

 Bild: Architektur in Santa Cruz

Von Architektur bis Wein – La Palma ist ein grünes Paradies, und noch viel mehr: Wissenswertes über die Insel erfahren Sie hier

BANANEN

Anfang des 19. Jhs., als eine Krise den Anbau von Zuckerrohr in den Hintergrund drängte, begann eine englische Gesellschaft mit dem Anbau der krummen Frucht. Weite Gebiete an den Küsten der Insel wurden terrassiert, über Rohre wurde Wasser herangeführt. Nach und nach entstand eine Monokultur, die für viele Jahrzehnte rentabel war. Bis heute werden auf etwa 30 km² rund 150 000 t Bananen im Wert von fast 1 Mio. Euro produziert. Die Kosten sind allerdings hoch, weil auf den oft engen Terrassen keine Maschinen eingesetzt werden können.

FAUNA

Auf La Palma gibt es keine großen Wirbeltiere – sieht man einmal von den für die Jagd eingeführten Mufflons und den Kaninchen ab. Über die Felsen huschen Reptilien wie verschiedene Eidechsen- und Salamanderarten. Schlangen gibt es nicht. Die *araña mamona,* eine versteckt lebende Spinnenart, ist das einzige giftige Tier auf der Insel. Ihr Biss ist schmerzhaft, jedoch für den Menschen harmlos. In den Bergen fliegen kleine Tauben umher, und die *graja* lebt hier. Das ist ein dohlenähnlicher Vogel mit roten Füßen und rotem Schnabel, der nur auf La Palma vorkommt.

FLORA

In relativ enger Nachbarschaft wachsen auf der Insel subtropische und alpine Pflanzen. Etwa 1800 verschiedene Arten gibt es auf den Kanaren, seit der Conquista sind 600 aus allen Erdteilen eingeführt worden. La Palma allein hat 40 endemische Arten. Urig ist der Drachenbaum, ein Liliengewächs mit einer Höhe bis zu 20 m und einem Alter bis zu 3000 Jahren.

Die Palmenarten sind Legion, und Laien fällt es schwer, einzelne zu unterscheiden. In den Trockenzonen und auf den Lavafeldern entwickelt sich im Frühjahr ein Blütenmeer, und zwischen den Kiefern der mittleren Zone wachsen Farne und Pilze. Es gibt zahlreiche Sukkulenten. Viele Kakteen tragen saftige Früchte, andere blühen still vor sich hin. Maulbeer- und Feigenbäume ächzen im Sommer unter der Last ihrer Früchte. Im November werden die Maronen geerntet. Hinzu kommen verschiedene Früchte wie Papayas, Zitrusfrüchte, Mangos, Aprikosen, Pfirsiche, Bananen, Avocados, Ananas, Guaven, *peramelones,* Passionsfrüchte, Kaffee ...

FOLKLORE & MUSIK

Die Volksmusik ist stark vom spanischen Mutterland beeinflusst, vermischt mit Zugaben aus Kuba und Venezuela. Neben Gitarre, Trommel, Flöte und Akkordeon spielt auch ein rein kanarisches Instrument eine Rolle, das *timple.* Das ist eine kleine, vier- oder fünfsaitige Gitarre mit bauchigem Klangkörper. Viele Bands haben sich der ursprünglichen Folklore angenommen und sie für den Geschmack der neuen Zeit bearbeitet – und damit immerhin zu ihrem Überleben beigetragen.

GUANCHEN

Ein Guanche war ursprünglich „ein Mensch von Teneriffa"; *guan* bedeutet abstammend, *chinech* bedeutet Teneriffa. Heute werden die Urbewohner aller Kanarischen Inseln Guanchen genannt. Man vermutet ihren Ursprung in Nordafrika. Die endgültige Eroberung der Kanaren durch die Spanier im Jahr 1496 bedeutete das Ende der Guanchenkultur. Die Conquistadoren gingen mit der gleichen Grausamkeit vor wie in ihren Kolonien in Amerika. Der letzte palmerische Guanchenkönig war Tanausú. Er trat in einen tödlichen Hungerstreik, als man ihn nach Spanien bringen wollte.

Die Guanchen lebten vorwiegend in Höhlen. Sie ernährten sich von Ziegen und Schafen und von *gofio,* einem gerösteten Getreidemehl, das noch heute unter der Landbevölkerung zur täglichen Ernährung gehört. Viele Gebräuche haben ihre Wurzlen in der Guanchenzeit, so etwa auch die *lucha canaria* (s. re.).

INDIANOS

Bis in die Mitte des 20. Jhs. emigrierten zahlreiche Canarios nach Amerika. Bevorzugte Länder waren Venezuela und Kuba. Über 3 Mio. Nachkommen kanarischer Einwanderer sollen heute in Amerika leben. Einige kamen zurück. Die, die es zu Geld gebracht hatten, kreuzten plötzlich mit amerikanischen Autos auf und imponierten ihren Landsleuten mit dem gemachten Vermögen. Man nannte sie *Los Indianos.* Sie prägten eine ganze Kultur, bauten sich großartige Häuser, die an die zeitweilige Heimat in der Karibik erinnerten, wie sie beispielsweise in Los Llanos noch zu sehen sind. Im palmerischen Karneval ist ihnen am Rosenmontag ein ganzer Tag und eine Nacht gewidmet: der Tag der Indianos. In dieser Nacht kleidet man sich komplett in Weiß, trägt Strohhüte und auf der Schulter ausgestopfte Papageien und raucht Zigarren, wie man es aus Kuba kennt.

LANDWIRTSCHAFT

Die Landwirtschaft war schon immer und ist noch heute die Basis der palmerischen Wirtschaft. Die steilen Berge, schlechte Böden und starke Winde sind die naturbedingten Schwierigkeiten dieses Wirtschaftszweigs. Das Auf und Ab der Weltmärkte und politische Veränderungen haben in der Vergangenheit zusätzlich die palmerische Landwirtschaft beeinflusst. Ein Beispiel ist der Niedergang des Zuckerrohranbaus wegen der rentableren Produktion in anderen Ländern.

LUCHA CANARIA

Wenn in den Bars die Männer einem sportlichen Ereignis auf dem Fernsehschirm folgen, dann kann es nur Fußball sein. Oder der heimische Ringkampf. Dieser wird auf allen Inseln gepflegt, und es gibt so etwas wie eine Oberliga. Die typisch kanarische Sportar wird mit Mannschaften von je zwölf Kämpfern ausgetragen. Es ringen immer zwei miteinander, und zwar in einem Kreis von 9–10 m Durchmesser. Verloren hat derjenige, dessen Oberkörper zuerst den Boden berührt.

MERCADILLOS

Um privaten Obst- und Gemüseerzeugern eine Verkaufsplattform zu geben, haben die Behörden an den Wochenenden in vielen Gemeinden Erzeugermärkte etabliert. Hier findet man Brot, Obstsäfte, Marmeladen, Käse, Kräuter, kurz: frische Produkte aus der Region. Die Mercadillos sind zudem beliebte Treffpunkte ausländischer Residenten.

STRÄNDE

Es gibt vier offizielle, also bewachte Strände: einen bei *Los Cancajos* – auch

Ausgelassene Karnevalsstimmung in Santa Cruz: Der Rosenmontag ist den Indianos gewidmet

Für Liebhaber: In Breña Alta werden die *puros* von Hand gerollt

für Kleinkinder geeignet –, den Strand von *Tazacorte,* die beiden Stadtstrände von *Santa Cruz* (mit kostenlosen Süßwasserduschen) und den Strand von *Puerto Naos.* Südlich von Puerto Naos liegt *Charco Verde,* und wer unbedingt FKK braucht, kann das in *Las Monjas* haben. Ein sehr lebendiger, auch für Surfer geeigneter Strand ist *Playa Nueva* bei Puerto Naos. Ansonsten gibt es einige versteckt liegende Buchten, die oft schwer zugänglich sind. Bequem erreichbar sind die Badebuchten beim Leuchtturm von Fuencaliente und *Playa Nogales* nördlich der Hauptstadt bei Puntallana. Eine schöne, am Wochenende jedoch oft überfüllte Schwimmgelegenheit sind die Naturschwimmbecken *Charco Azul* bei San Andrés und weiter nördlich die Naturschwimmbecken *La Fajana* bei Barlovento. Vorsicht ist geboten, der Atlantik ist nicht die stille Ostsee und kann tückisch sein. Eine rote Flagge am Strand bedeutet: nicht baden; gelb heißt: bedenklich; grün signalisiert: unbedenklich.

TABAK

Das Wort des Schriftstellers Guillermo Cabrera Infante hat in Zigarrenraucherkreisen Gewicht – nicht nur, weil er als Kubaner eine natürliche Nähe zu den gerollten Tabakblättern und als Kenner dem Thema das Buch „Rauchzeichen" gewidmet hat, sondern weil er als Exilant in London frei von aller patriotischen Verblendung ist. So liest man bei ihm: „Auf den Kanarischen Inseln kann man eine Zigarre rauchen, die das Gegenteil einer Condal ist: billiger und manchmal besser. Es ist die Zigarre von Breña Alta."

Der kanarische Tabak stammt ursprünglich von Kuba. Ende des 19. Jhs. ließen sich zurückkehrende Immigranten mit ihrem auf Kuba erworbenen Wissen auf La Palma nieder und kultivierten mit kubanischen Tabaksamen eigenen Tabak. In ihren Werkstätten, den Chinchales, drehten sie Zigarren aus dem Tabak, der besonders in der Gegend um Breña Alta wuchs und dort auch heute noch angebaut wird. Palmerische Zigarren schaff-

ten es bis in europäische Königshäuser, und erst mit den Gesundheitskampagnen gegen das Rauchen gingen Tabakanbau und Zigarrenproduktion zurück. Nichtsdestotrotz, auf La Palma haben, besonders ältere Männer, nicht von ihrer geliebten *puro*, wie eine Zigarre auf der Insel heißt, abgelassen.
Wissenswertes zum Thema gibt es im Zigarrenmuseum von Las Breñas und bei örtlichen Tabakdrehern. Und: Einzelne Zigarren kann man in fast jeder Bar kaufen, rauchen muss man draußen.

TRANSVULCANIA

Seit 2009 treffen sich Sportler im Frühling zu diesem internationalen Laufspektakel. Ursprünglich mit rund 83 km Länge, ist die Transvulcania seit 2014 „nur" noch 74 km lang. Wie der Name sagt, führt die Strecke über Vulkane hinauf bis zum Roque de los Muchachos auf fast 2500 m und von dort zurück bergab nach Los Llanos. Start ist im Dunkeln, morgens um 6 Uhr am Leuchtturm von Fuencaliente. Wem die 74 km zu viel sind, der kann alternativ wenig später bei einem ebenfalls stattfindenden Halbmarathon mit dem Ziel Refugio El Pilar starten oder einen Marathon nach Puerto Tazacorte laufen. Die schnellsten Läufer aus bis zu 50 Nationen haben 74-km-Strecke mit unter 7 Stunden bei den Männern und bei den Frauen in 8,5 Stunden zurückgelegt. Die erfolgreiche Teilnahme an der Transvulcania bringt Punkte bei der Internationalen Skyrunning Federation und ist so auch bei Profis angesagt.

WEIN

Schon im 16. Jh. wurde am englischen Hof Wein von den Kanaren, besonders der Malvasía von La Palma, getrunken. Politische Widrigkeiten jedoch verschlossen die Märkte für den kanarischen Wein, Krankheiten dezimierten die Rebenfläche, und durch die Emigration vieler Winzer nach Amerika lag das Land brach. Was die kleinen Nebenerwerbswinzer übrig haben, verkaufen sie an Bars, Läden oder Privatleute. Die Weine – weiße und rote – sind leicht und trocken und der Trend geht zur Erzeugung von Ökowein. Die heimischen Tropfen, der *vino del país,* reichen aber nicht, um die Nachfrage nach Wein auf der Insel zu decken.

BÜCHER & FILME

Der König von Taoro – Historienroman von Horst Uden über die Unterwerfung der kanarischen Ureinwohner, der Guanchen, im 15. Jh. auf den Kanarischen Inseln und auf La Palma

Die kanarischen Inseln. Natur und Kulturlandschaften – Joachim Hüppe, Richard Pott, Wolfredo Wildpret de la Torre schildern umfassend die Entstehung des Archipels, dessen Ökosysteme und Landschaften

Canarias – Kanarisches Lesebuch – Ansprechend gestaltete, zweisprachige (Spanisch–Deutsch) Sammlung von Beiträgen verschiedener Autoren mit Essays, Lyrik, Fotos, Erzählungen

Voyages, Voyages La Palma – Hier sprechen Inselbewohner! Breit angelegtes, gutes Inselporträt über Land und Leute mit fundiertem Hintergrund. ZDF, arte und TV Phoenix, September 2008, zu finden auf youtube

ESSEN & TRINKEN

Sonntags ist der Tag der palmerischen Familie. Dann geht's hinaus in die Natur, ans Meer oder in die Berge; oder zu einer Fiesta, die irgendwo läuft. Unterwegs wird eingekehrt in einem Restaurant, einer Bar oder im *kiosco*, der offenen Bretterbude am Meer mit frischem Fisch, heißen Kartoffeln und kühlem Wein.

Während der Woche bleibt die Familie am heimischen Herd, und in den Bars und Restaurants sieht man allenfalls Jungverliebte, Freunde, Geschäftsleute oder Junggesellen essen. Man kann nicht sagen, dass die Palmeros verwöhnte Feinschmecker sind. Die palmerische Küche ist wenig variantenreich. ***Kartoffeln*** sind konstantes Element der Gerichte. Wichtig für die Insulaner ist ein gutes Stück ***Fleisch***. Schwein ist typisch, aber auch Huhn, Kaninchen und Ziege sind beliebt. Sie werden gebraten oder gegrillt, Huhn auch im Tontopf gegart, zusammen mit einer pikanten Sauce. ***Fisch*** hat auf La Palma seinen Preis, weshalb die Palmeros ihn weniger häufig essen, als Ortsfremde es von den Insulanern vielleicht erwarten.

Am sehnlichsten erwarten die Palmeros bei nahezu jedem Essen das ***Dessert***. Es scheint, als könne es nicht süß genug sein. An erster Stelle steht der *flan,* ein Pudding in Karamellsauce, der hausgemacht wirklich am besten schmeckt.

Jeder kennt sie: das hart gefrorene Butterstückchen und das lasche Brötchen, unabdingbarer Auftakt für ein Menü auf La Palma, ein Affront für die

 Bild: Kanarischer Käse mit papas arrugadas

Meistens dabei: Kartoffeln. Die palmerische Küche ist einfach, doch sie wartet mit manchen Überraschungen auf

einheimische Küche. Die, so scheint es, wird auf dem Altar des raschen Gewinns geopfert. Glaubt man, fremden Gästen so authentische Gerichte wie *revoltillo, gofio, puchero, caldo de pescado, torta de calabaza* nicht zumuten zu können? Mit dem Tourismusboom jedenfalls sind **Restaurants** wie Pilze aus dem Boden geschossen. Im Hoffen auf das schnelle Touristengeld hat dabei manch neuer Wirt vergessen, kochen zu lernen. Das Resultat: Es kommen blasse Farmhühnchen, trockene Tiefkühlpizzas, schlecht geschnittene Allerweltsfleischgerichte, Fritteusenfisch oder Nachspeisen aus der Dose auf den Tisch.

Es ist unser Bemühen, in diesem Band gerade auf solche Restaurants hinzuweisen, die, wenn sie schon keine palmerischen Gerichte auf der Karte haben, zumindest professionell arbeiten – Service inklusive.

Gerade für den kleinen Hunger empfiehlt sich oft ein Barbesuch. Wenige Touristen kehren in **Bars** ein, sei es wegen des nicht immer zum Essen einladenden Am-

SPEZIALITÄTEN

COMIDAS (SPEISEN)

almendrados – Mandelplätzchen mit sehr viel Zucker und Eiern

cabrito und conejo – Zickleinbraten bzw. Kaninchen; in der Pfanne gebraten und mit roter *mojo* und *papas fritas,* Pommes frites, serviert

escachón – ein Gericht aus gekochten Kartoffeln, die mit Schweineschmalz, Öl, *mojo* und geriebenem Käse vermischt werden. Wird kaum in Restaurants angeboten

gofio – das geröstete Mehl aus verschiedenen Getreidearten wird entweder zu den Speisen gereicht oder ist, in Verbindung mit Bananen, Honig, Milch oder Wasser, ein Gericht für sich. Bei den Einheimischen gehört es zur Küche, in Restaurants wird es kaum serviert

mojo – eine Sauce, die viele Gerichte begleitet. Es gibt sie rot *(rojo)* und grün *(verde)*, pikant oder mild. Basis ist rote Paprika, Knoblauch, Öl, Essig und, bei der grünen Variante, Koriander. Letztere wird meist zu Fisch gegessen (Foto li.)

papas arrugadas – frei übersetzt „Kartoffeln mit Falten"; vorzugsweise kleine und ältere Kartoffeln werden mit reichlich Meersalz gekocht, sodass sie nach dem Kochen schrumplig werden und mit einer feinen weißen Salzschicht überzogen sind. *Papas arrugadas* gehören in den ländlichen Familien auf den täglichen Mittagstisch und sind Beilage zu Fleisch oder Fisch (Foto li.)

cocido canario – ein dicker Eintopf aus allem, was der Garten an Gemüse so bietet: Kohl, *boniato,* Kartoffeln, Mais, Kürbis, Kichererbsen. Hinzu kommt eine Portion Fleisch oder harte Würste

revoltillo – in Schweinemagen gekochte Mischung aus Gemüse und Fleisch, oft mit Rosinen. In Restaurants kaum erhältlich

vieja a la plancha – eine Art Papageienfisch, der am besten auf einer heißen Platte *(a la plancha)* gegart wird. Dazu werden *papas arrugadas* mit grüner *mojo* gereicht (Foto re.)

BEBIDAS (GETRÄNKE)

café con leche – Milchkaffee

café solo – Espresso

carajillo – Kaffee mit Brandy

cortado – kleiner Kaffee mit Milch oder Kondensmilch *(leche condensada)* im Glas

zumo de naranja – frisch gepresster Orangensaft

bientes aus nackten Tischen, laufendem Fernseher und klimpernden Spielautomaten, oder sei es, weil eine Küche dort nicht vermutet wird. Dabei ist das Essen in den Bars durchweg preiswerter als in den Restaurants, und die wenigen angebotenen Gerichte sind hausgemacht. **Tapas**, die kleinen pikanten Happen, sind überall zu finden. Eine Spezialität sind *chicharrones,* in *gofio* gewälzte Speckgrieben, die warm am besten schmecken. Aber auch Ziegenkäse, Oliven, *tortilla española* (Kartoffelomelett), *pulpo en vinagreta* (sauer eingelegter Krake) oder *jamón serrano* (luftgetrockneter Schinken) werden als Tapas serviert.

Bei den **Restaurants** lassen sich zwei Arten unterscheiden: solche, die nicht nur auf Tourismus eingestellt sind, und reine Touristenrestaurants. In Letzteren bekommen Sie z. B. Schweinebraten mit Semmelknödeln und Sauerkraut aber auch moderne kreative Küche. Unter den Restaurants mit überwiegend einheimischer Klientel gibt es unterschiedlichste Standards. Die einen haben dreisprachige Speisekarten, bei den anderen erscheint der Koch und sagt, was es gibt. Meistens ist das Angebot „kontinental". Es gibt *solomillo* (Rinderfilet) mit Pommes frites, Hühnchen *(pollo)* gebraten mit Kartoffeln oder Fisch mit Salat. *Mojos* und *papas arrugadas* sind oft die letzten Reminiszenzen an die urpalmerische Küche. Vegetarier und erst recht Veganer kommen in den Restaurants nur schwerlich auf ihre Kosten.

Und noch eine Art von Lokalen finden Sie auf der Insel: Wo das Schild **„Parrilla"** auftaucht, gibt es Gegrilltes: Huhn *(pollo),* Kaninchen *(conejo),* Schwein *(cochino)* oder Ziege *(cabrito)* je nach Saison, auch Fisch – obwohl es für Letzteren spezielle Lokale gibt. Die *parrillas* sind oft rustikal mit einfachen Bretterverschlägen um jeden Tisch.

Ein **bodegón** ist ein Weinlokal. Neben verschiedenen, oft eigenen Weinen werden auch diverse Gerichte von Tapas bis zu Steaks angeboten.

In puncto **Getränke** hat sich viel getan in letzter Zeit. Neu eröffnete Restaurants

Besticht durch seine Lage am Meer: Restaurant in Puerto Naos

scheinen sich mit ihrem Weinangebot gegenseitig übertrumpfen zu wollen. Manch schicke Bar hat heutzutage Cocktails im Programm, nachdem Caipirinha und Mojito lange Zeit fast unbekannt waren. Und Whisky hat, wie es scheint, den urspanischen Brandy, in Frankreich Cognac genannt, verdrängt.

Wer mit Palmeros zum Essen ausgeht, wundert sich oft, dass die **Rechnung** bereits bezahlt ist, bevor man sie ordern kann. Für die Palmeros ist es eine Ehre, ihre Gäste auch einzuladen. Darüber zu streiten ist zwecklos, und getrennt Bezahlenwollen ebenfalls, weil diese Sitte dem Kellner unbekannt ist.

EINKAUFEN

La Palma – ein Garten Eden, aber kein Einkaufsparadies für die bekannt günstigen kanarischen Elektronikartikel, Juwelen und Kosmetika. Zwar gibt es das alles, allerdings in begrenzterer Auswahl als etwa auf Teneriffa oder Gran Canaria, ein Schnäppchen machen Sie hier nicht, und Ausgefallenes finden Sie eher daheim. Möchten Sie dennoch ein bisschen stöbern, finden Sie die Boutiquen, Schuhgeschäfte und Souvenirläden mit der größten Auswahl in Santa Cruz und Los Llanos. Die meisten Geschäfte schließen von 14 bis 17 Uhr und haben abends bis 19 Uhr geöffnet, samstags im Allgemeinen nur bis 13 Uhr.

HAUSHALTSWAREN

Wahre Fundgruben für Haushaltswaren sind die *ferreterías,* die palmerischen Eisenwarenhandlungen. Hier findet man immer noch in Handarbeit hergestellte Geräte, die zwar primitiv erscheinen mögen, häufig aber ihre Aufgabe bestens erfüllen. Das können Messbecher oder Schöpfkrüge aus Blech sein, Einkaufskörbe aus Stroh, Trichter und Messer mit Griffen aus Maulbeerbaumholz, simple Mausefallen, aus Draht geflochtene Vogelkäfige, Küchenbretter und Kästchen aus Eukalyptusholz oder ameisensichere Käseglocken aus feinstem Maschendraht zum Aufhängen. Die Vielfalt ist enorm, lassen Sie sich durch die ausgestellten Warenmuster der *ferreterías* inspirieren. Etwa in Santa Cruz, gegenüber der Markthalle und im nördlichen Abschnitt der Avenida Marítima.

KULINARISCHES

Kulinarische Genüsse sind auf La Palma eher bodenständiger Natur. Wer feine französische Käsespezialitäten, ausgefallene Gemüse oder europäische Molkereiprodukte genießen möchte, muss diese auf La Palma teuer bezahlen. Das Warenangebot liegt schwerpunktmäßig auf heimischen Erzeugnissen.
Auf dem Land führen die kleinen Läden überwiegend Palmerisches: Ziegenkäse, *mojo*, Kartoffeln und *boniato*, Bananen, getrocknete Feigen, Würste und Schinken, Tomaten und Gurken, Inselwein.
In den Supermärkten von Santa Cruz, Los Llanos und El Paso ist das Angebot erweitert: Hier gibt es Käse aus Spanien, Auberginen, Salate, Weine vom Festland und selbst irische Butter. Entsprechend hoch sind die Preise, die übrigens nicht die Qualität – besonders die von Ge-

Keramik und Käseglocken – auf La Palma begegnen Ihnen noch lebendiges Kunsthandwerk und authentische Haushaltswaren

müse und Obst – widerspiegeln. Diese kauft man günstiger und besser auf den *mercadillos.*

KUNSTHANDWERK

Mit dem Tourismus haben auf La Palma viele Geschäfte mit Kunsthandwerk eröffnet. Es gibt Schmuck, Geschnitztes und Gewebtes, doch nicht alles ist authentisch. Palmerisches Kunsthandwerk bekommen Sie meistens in den einheimischen Werkstätten, etwa Töpfereiartikel in Mazo *(El Molino),* Korb- und Lederwaren in Breña Alta *(La Destiladera),* auf der Insel gesponnene Seide in El Paso (Seidenmuseum), handgedrehte Zigarren in Las Breñas *(El Rubio).* Viele der traditionellen Handwerkskünste drohen allerdings auszusterben, da es an Nachwuchs fehlt.

Daneben haben ausländische Residenten Läden eröffnet, deren kunsthandwerkliche Erzeugnisse vielleicht nicht auf der Insel hergestellt wurden, wohl aber Landschaft und Rohmaterialien der Insel reflektieren, wie beispielsweise mit Silber verfeinerter Lavaschmuck oder verarbeitete Gehäuse von Meeresschnecken *(Lava Cristina | Calle Pérez Brito, 28 | Santa Cruz* oder *Volcán Verde | Calle Àngel, 4 | Tazacorte).* Wirklich einmalig sind die Erzeugnisse vom Glasstudio *Artefuego* (s. S. 60), der Glasbläserwerkstatt in Argual bei Los Llanos. Dort gibt es farbenprächtige mundgeblasene Glasgefäße mit Vulkansteineinschlüssen.

MODISCHES

Längst haben bekannte Labels, wie Zara und Pikolinos, auf La Palma Fuß gefasst. Einige Boutiquen haben sich – dem Inselklima angepasst – auf luftige Seiden- und Leinenkleidung spezialisiert. Bekannte Outdoormarken wie Jack Wolfskin, The North Face oder Fjällräven sind ebenfalls vertreten. Die Preise unterscheiden sich kaum von denen des europäischen Festlands. Die beste und größte Auswahl finden Sie in Los Llanos.

DER NORDOSTEN

Der Nordosten war lange Zeit schwer zugänglich, die erste Asphaltstraße wurde in den 1950er-Jahren fertig gestellt. Tiefe Schluchten erschwerten bis dahin die Kommunikation der Menschen.

Erst 1992 wurden im äußersten Norden die letzten Straßenbauarbeiten in Angriff genommen, zahlreiche Tunnel- und Brückenbauten bildeten 2005 den Abschluss dieser Maßnahmen.

Der Nordosten hat den höchsten Jahresniederschlag. Bis über 1000 mm Regen fallen dort (in Santa Cruz sind es nur etwa 600 mm). Dichte Lorbeer- und Kiefernwälder erinnern an nordische Länder. Die Menschen leben von Landwirtschaft und Ziegenhaltung. Viel reicher dagegen ist die Gegend um Los Sauces. Früher wurde hier Zuckerrohr angebaut, heute Bananen, *ñames,* Kartoffeln, Zwiebeln und *boniato.* Der Reiz des Nordostens liegt in seiner urwüchsigen Landschaft und im Kontrast, den sie zu den weiter südlich gelegenen Landwirtschaftszonen bietet.

SAN ANDRÉS Y SAUCES

(113 D–E3) (*F–G2*) **Die Doppelgemeinde ist der größte Ort (5500 Ew.) im Nordosten der Insel.**

Die Menschen sind landorientiert, mit Stolz und großem Unabhängigkeitsbewusstsein. Zwischen den Dörfern gab es immer eine gewisse Rivalität. Ältere

Bild: Blick vom Castillo de la Virgen auf Santa Cruz

Tiefe Schluchten und fruchtbare Ebenen: Der lang vergessene Nordosten ist reich an Kontrasten und arm an Besuchern

Einwohner berichten, dass die Leute von San Andrés immer fein gekleidet waren und sich gebildet gaben, dafür aber nie Geld hatten. Die Sauceros hingegen seien weniger gebildet gewesen, hätten jedoch immer volle Taschen gehabt. Der schönere Ort ist San Andrés, neben Santa Cruz die älteste Ansiedlung der Insel. Los Sauces liegt oberhalb, etwa 300 m hoch. Von dort bietet sich ein phantastischer Blick aufs Meer. Im Ort geht es geschäftig zu, viele Betriebe des Bananenanbaus sind hier zu Hause.

SEHENSWERTES

IGLESIA DE NUESTRA SEÑORA DE MONTSERRAT

Große Kirche mit Kunstschätzen der flämischen Epoche und Skulpturen aus dem 16. Jh. Auf dem Vorplatz blühen im Juni blaue Jakarandabäume. *Los Sauces Hauptstraße | unregelmäßig geöffnet*

IGLESIA DE SAN ANDRÉS

Die Kirche von San Andrés besitzt einige schöne barocke Gemälde aus dem

Blauer Himmel, weiße Häuser, Palmen, Meer – San Andrés ist ein Ort wie aus dem Bilderbuch

17./18. Jh. und Silberschmiedearbeiten. *San Andrés Plaza | unregelmäßig geöffnet*

ESSEN & TRINKEN

CARIBE

Ruhig gelegene Bar mit Restaurant und heimischer Küche. *Los Sauces | oberhalb der Plaza | Tel. 922450202 | kein Ruhetag |* €

SAN ANDRÉS

Hier kann man draußen sitzen, nämlich auf dem Kirchplatz. Fischgerichte, aber auch anderes aus heimischer Küche, wie z. B. *gofio. San Andrés | bei der Kirche | Tel. 922451725 | Mi geschl. |* €€

FREIZEIT & SPORT

Unterhalb von San Andrés, hinter der Bananenpackerei (ausgeschildert), liegt ★ *Charco Azul* mit vom Meer abgetrennten Schwimmbecken. Besonders in der Woche herrscht wenig Betrieb. Es gibt Duschen, Umkleideräume, Planschbecken und eine kleine *Bar*. Das Baden im Meer außerhalb des Beckens ist gefährlich! *Tagsüber geöffnet | Eintritt frei*

ÜBERNACHTEN

LA PALMA ROMÁNTICA

Hotel oberhalb von Barlovento: Hier kann es schon relativ kühl sein. Deutschsprachige Leitung, Tennis und großes Spa. *48 Zi., 3 Bungalows | Tel. 922186221 | www.hotellapalmaromantica.com |* €€€

PENSIÓN LAS LONJAS

Einfache Pension, etwas kleine Zimmer, Blick über die Dächer hinunter zum Meer. *4 Zi. | San Andrés | Calle San Sebastián, 16 | Tel. 922451621 |* €

ZIELE IN DER UMGEBUNG

BARLOVENTO (112–113 C–D2) (*F2*)

Der Ort 7 km nordwestlich von San Andrés (1750 Ew.) liegt schon 500 m hoch.

Hier beginnt der Weg in den nördlichsten Teil der Insel. Barlovento hat eine schöne Kirche, den *Templo de Rosario*, mit einem aus Sevilla stammenden, 1679 errichteten Taufbecken.

CASAS ROQUE FARO ★

(112 A3) (*D2*)

Einige Häuser, eine Bar und eine Pension (*Roque Faro | 7 Zi. | Tel. 922400639 | €*) mitten im Wald, etwa 20 km westlich von San Andrés Richtung Garafía, am besten zu erreichen über die obere, alte Piste. Ausgangspunkt für Wanderungen oder einfach für ein Verweilen unter Lorbeerbäumen und Pinien. Die urige Bar INSIDER TIPP *Los Reyes* (*Tel. 922400484 | Mo/Di geschl. | €*) bietet als Spezialität oft Kaninchen und Ziegenbraten, dazu *vino de tea*, Wein, dem die Fässer aus dem Kernholz der Kiefer einen harzigen Geschmack verliehen haben.

LA FAJANA ★ (112 B2) (*D–E1*)

Von Franceses, 16 km westlich von San Andrés, führt eine wildromantische, enge und steile Piste hinunter nach La Fajana auf Meereshöhe. Dort stehen nur eine Handvoll Häuser. Es gibt eine kleine Bananenpflanzung und einen von Bäumen beschatteten Strand unter der Steilküste, auf der die Bananenstauden wachsen. Die vielen in der Brandung liegenden Felsen lassen Schwimmen hier nicht zu.

FRANCESES (112 B2) (*E2*)

Abgelegen und dem harten Nordwind ausgesetzt ist der Weiler Franceses. Hier wird auf kleinen Feldern Landwirtschaft betrieben, im Schatten der Häuser sitzen die Männer und rauchen. In einer kleinen *Bar* gibt es Getränke – und einen Fernseher.

LAGUNA DE BARLOVENTO

(113 D3) (*F2*)

Am Stausee hinter Barlovento, auf der alten Strecke Richtung Garafía gibt es ein Freizeitgebiet (Möglichkeit zu Ballspielen, Laufen, Klettern und Mannschaftswettkämpfen) mit kleinem Restaurant (€) und Campingmöglichkeit (*Infozentrum tgl. 9–13 u. 15–20 Uhr | Tel. 639837936*).

MARCO POLO HIGHLIGHTS

★ Charco Azul
Naturschwimmbecken hinter tosender Brandung → S. 34

★ Casas Roque Faro
Dichte Wälder und Ziegen mit ihren Hirten, dazu ein kleiner Ort → S. 35

★ La Fajana
Ein verschlafener, urpalmerischer Weiler an der wilden Nordküste → S. 35

★ Los Tilos
Tiefe Schlucht im Lorbeer- und Farnwald, von der Unesco als Biosphärenreservat ausgezeichnet → S. 36

★ Santa Cruz
Die Inselhauptstadt mit ihren kleinen Winkeln, pittoresken Plätzen und denkmalgeschützten Häuschen ist ein historisches Abbild La Palmas → S. 36

★ La Galga
Von der Montaña de La Galga haben Sie einen Rundblick über den Nordosten → S. 43

★ Las Nieves
In dieser kleinen Kirche steht die älteste Heiligenfigur der Insel, Schutzpatronin La Palmas und alle fünf Jahre Mittelpunkt des größten Fests → S. 43

In den Lorbeerwäldern bei Los Tilos können Sie wunderbar wandern

PISCINA LA FAJANA (113 D2) (*F–G1*)
Der etwa 4 km lange Weg ist am nördlichen Ende von Los Sauces ausgeschildert. Einige Schwimmbecken liegen hinter der von Felsen abgeteilten Ozeandünung, es gibt ein Restaurant, *La Gaviota (Tel. 922186099 | Do geschl. | €€)* sowie Apartments: *Apartamentos La Fajana (Tel. 922186162 | €€)*.

PUERTO ESPÍNDOLA (113 E3) (*G2*)
Der kleine Hafen 1 km unterhalb von Los Sauces hat schon belebtere Jahre gesehen – als es nämlich die Landstraße nach Santa Cruz noch nicht gab und die landwirtschaftlichen Produkte der Region mit kleinen Transportschiffen auf dem Wasserweg nach Santa Cruz geschafft wurden. Dicht am Hafen steht das renovierte Restaurant *El Mesón del Mar (Tel. 922450305 | Di. geschl. | €€)*. Es gibt frischen, jedoch simpel zubereiteten Fisch und *pulpo* (Krake). Oberhalb vom El Mesón del Mar liegt die INSIDER TIPP Rumfabrik Destilerías Aldea *(Mo–Fr 8–17 Uhr | www.destileriasaldea.com)* Hier können Sie verschiedene Sorten Rum kosten und kaufen.

LOS TILOS ★ (112 C3) (*F3*)
Hier, etwa 4 km westlich von San Andrés, beginnen die Farn- und Lorbeerwälder, die seit 1985 von der Unesco als Biosphärenreservat ausgezeichnet sind. Ein einfaches Restaurant, die *Casa Demetrio (Mi geschl. | €)* und ein kleiner *Picknickplatz* mit Grillplätzen, Wasser und Feuerholz unter mächtigen Lorbeerbäumen sind für eine Rast ideal. Daneben gibt es auch ein interessantes *Besucherzentrum (tgl. 9–14 und 14.30–17 Uhr)*.

SANTA CRUZ

KARTE IM HINTEREN UMSCHLAG
(117 E2) (*G6*) ★ ● **Einen Gesamtblick auf die Inselhauptstadt (18 000 Ew.) erhalten Sie, wenn Sie mit der Fähre aus Teneriffa kommen und langsam auf Santa Cruz zufahren.**

Die weißen Häuser strahlen am Ende des blauen Meers und vor den dunklen Berghängen. Über eine neue, breite Avenida geht es vom Flughafen in die Stadt. Schöne Bürgerhäuser, einige Kolonialbauten, Holzbalkone, Kirchen aus dem 16. Jh., kleine Plazas und Brunnen, die mit bescheidener Fontäne in uraltes Gestein plätschern.

Santa Cruz lebt von Traditionellem: Die Stadt ist über 350 Jahre alt. Es gibt viele *rincónes*, verträumte kleine Winkel. Die Atmosphäre ist eher verschlafen und gelöst, lediglich der dröhnende Autoverkehr, der sich am Rand der Stadt zwischen denkmalgeschützten Häusern und dem Meer entlangschiebt, setzt einen anderen Akzent.

SEHENSWERTES

AVENIDA MARÍTIMA

Im Wind rauschende Palmen, der nahe Ozean, ein breiter Strand und die Straßencafés auf dem belebten Gehweg geben der Hauptdurchgangsstraße von Santa Cruz das Flair des Südens. Der Verkehrslärm ist allerdings ohrenbetäubend – für die Palmeros jedoch kein Anlass, sich hier nicht mit Freunden zu treffen, zu flanieren oder den morgendlichen *café con leche* zu trinken.

Weiter in Richtung Norden wird es etwas ruhiger. Eisenwarengeschäfte und Autozubehörläden lösen hier die Bars ab, und die unter Denkmalschutz stehenden Häuser mit ihren hölzernen Balkonen säumen die Avenida Marítima, die meistfotografierte Meile der Inselhauptstadt.

BARCO DE LA VIRGEN SANTA MARÍA

Aus Zement erbaut, soll das „Schiff der Jungfrau" mit dem Namen „Maria" eine Nachbildung der Karacke sein, die Christoph Kolumbus über den Ozean brachte. Das *Museo Naval* im Bauch der „Maria", dem Nachbau des Kolumbusschiffs, zeigt Seekarten, Schiffspläne, Bilder und Geräte aus der Seefahrt. Für deutsche Besucher dürften besonders die wenigen erhaltenen INSIDER TIPP Relikte der gesunkenen Viermastbark „Pamir" interessant sein. Der legendäre P-Liner der Reederei Laeisz lag während des Ersten Weltkriegs auf La Palma fest. *Hinter der Plaza Alameda | Mo–Fr 10–12 Uhr | Eintritt 3 Euro*

CALLE O'DALY

Im Volksmund heißt diese Straße auch *Calle Real*. Noch 1981 war sie eine Hauptverkehrsstraße. Seit die ganze Straße für den Autoverkehr gesperrt wurde, ist sie ein Reich der Fußgänger geworden. Banken und Haushaltswarengeschäfte, Andenkenläden, Friseure, Bars und Boutiquen, kurz, alle, die auf Laufkundschaft aus sind, haben in dieser Straße ihre Geschäfte. Zudem stehen hier viele alte Stadthäuser mit manchem Durchblick in dicht bewachsene Hinterhöfe.

CASA CONSISTORIAL (RATHAUS)

Eines der herausragenden Gebäude der Stadt, 1560–63 gebaut. Für die Renaissancefassade mit schattigen Arkaden, dem Inselwappen und dem Wappen des österreichischen Hofs hat man Quader von La Gomera verwendet. Im Innern gibt es kunstvolle Holzvertäfelungen

DAS GRÖSSTE INSELFEST

Wenn der städtische Aufruf in der Zeitung erscheint, die Häuser nachzuweißen, wenn die Flüge von Venezuela nach La Palma über Monate ausgebucht sind und die kanarischen Musikgruppen besonders häufig üben, ist es wieder so weit. Die Bajada kommt: von Ende Juni bis Anfang August wird mit zahlreichen Feiern der Schutzheiligen Virgen de las Nieves gedacht. Die Hauptstadt Santa Cruz gleicht dann einem Bienenstock, Besucher reisen von den anderen Kanarischen Inseln und sogar aus Südamerika an. Eine gute Gelegenheit, den berühmten Tanz der Zwerge, Volkstrachten und kanarische Musik live zu erleben.

Placeta de Borrero: Ein Spaziergang durch die Altstadt von Santa Cruz wird nicht langweilig

und am Treppenaufgang ein großes, von dem Maler Mariano de Cossío geschaffenes Wandgemälde mit Szenen aus dem palmerischen Landalltag. *Calle O'Daly in Richtung Norden, auf der rechten Seite der Plaza España | Mo–Sa 8–13 Uhr*

CASA SALAZAR ●

Dieses Haus, eher ein kleiner Palast, ist eine der baulichen Hinterlassenschaften der großen palmerischen Familien. Das Gebäude im Stil der Kolonialzeit mit seiner strengen Fassade aus Quadersteinen wurde zwischen 1631 und 1642 gebaut. Der stolze Palast war eine Mitgift zur Hochzeit von Don Ventura Salazar de Frias, einem der Granden La Palmas, und Doña Leonor de Sotomayor van Dale, einer Dame aus ebenso reichem Geschlecht. Im Innern des renovierten Palasts kann man einen großzügigen Hof und mehrere Stockwerke mit kanarischen Holzdecken und -geländern bewundern. Im vornehmen Ambiente finden oft Ausstellungen statt. *Calle O'Daly, 22 | Mo–Fr 10–13 und 17–19, Sa 10.30–13 Uhr | Eintritt frei*

CASTILLO DE SANTA CATALINA

Nachdem der französische Pirat François Le Clerc die Stadt überfallen, geplündert und teilweise niedergebrannt hatte, machten sich die Einwohner daran, zum Schutz gegen die notorischen Piratenüberfälle eine Festung zu errichten. Der Erste, der die Wirkung der Festungskanonen zu spüren bekam, war Francis Drake. Ihm wurde ein Schiff aus seiner Flottille herausgeschossen. *Avenida Marítima | auf unbestimmte Zeit geschl.*

HAFEN

Der Hafen von Santa Cruz hat eine rasante Entwicklung hinter sich. Im 19. Jh. legten hier die Auswandererschiffe nach Südamerika an. Nach der Emigration kam die Verschiffung der Bananen, und Lagerhäuser wurden errichtet. Mit Einzug

der Containertechnik wurde der Hafen mit einer großen Wartehalle für den Fährverkehr ausgestattet. Schließlich kam noch eine Marina für Segelboote hinzu. Oberhalb der Marina gibt es Bars und eine ● Terrasse mit Blick über den Hafen.

IGLESIA EL SALVADOR (ERLÖSERKIRCHE)

Gegenüber dem Rathaus steht die im Renaissancestil erbaute Hauptkirche der Stadt (16. Jh.). Neben vielen äußeren Details – die steinernen Köpfe über dem Portal z. B. stellen die Häupter von Petrus und Paulus dar – hat die Kirche im Innern bedeutende Kunstschätze wie Gemälde und Skulpturen. Die INSIDER TIPP Decke im Mudejarstil ist die prächtigste auf den Kanarischen Inseln. *Tagsüber geöffnet*

IGLESIA DE SANTO DOMINGO

Einen Block oberhalb der Calle O'Daly steht eine weitere bedeutende Kirche aus dem 16. Jh. Sie besitzt die größte Sammlung barocker Skulpturen und flämischer Gemälde auf der Insel, u. a. von Ambrosius Franken. Auf dem Vorplatz gibt es oft Konzerte von Folklore bis Rock. *Calle Apurón | unregelmäßig geöffnet*

MERCADO (IN DER MARKTHALLE) ●

Er hat nicht die Farbenpracht anderer Märkte, aber man kann sich hier einen guten Überblick über das Angebot an Gemüse, Früchten, Käse, Fleisch und Fisch verschaffen. Die umliegenden kleinen Geschäfte mit ihrer Stammkundschaft und dem Palaver zwischen Verkäufer und Kunde sind ein letztes Stück Vor-Supermarkt-Zeit. Freitags und sonnabends kleiner Blumenmarkt vor der Halle. *Avenida del Puente | Mo–Sa 8–14 Uhr*

MUSEO DE ARTE CONTEMPORÁNEO

Museum für zeitgenössische Kunst, überwiegend kanarischen Künstlern gewidmet, in einem lichten, funktionalen Bau. *Calle Virgen de la Luz, 13 | Mo–Fr 10–14.30 Uhr | Eintritt 4 Euro*

MUSEO INSULAR ●

Das Inselmuseum zeigt einen Querschnitt der palmerischen Kultur. Am interessantesten ist die volkskundliche Abteilung mit den Arten palmerischen Kunsthandwerks im Modell. Seidenweben, Töpfern, Strohflechten, Zigarrendrehen usw. *Plaza San Francisco | Mo–Sa 10–20, So 10–14 Uhr | Eintritt 4 Euro*

OBERSTADT

Oberhalb der Calle O'Daly liegt das alte Santa Cruz mit Straßen wie San Telmo oder Virgen de la Luz mit dem ● *Teatro Circo de Marte*, 1870 erbaut und im Laufe der Zeit Schauplatz vieler Veranstaltungen. In der *Casa de Jorós*, einem Stadthaus aus dem 19. Jh., das heute eine Bibliothek beherbergt, finden Seminare statt. Zwischen den Gebäuden liegen stille Plätzchen und Nachbarschaftsläden – alles anmutig. Am Ende der Calle de la Luz liegt die 1550 erbaute *Ermita San Telmo.*

PLAZA ALAMEDA

Ein Platz zum Ausruhen am Ende der Calle Pérez Brito. Ein kleiner Kiosk bietet Kaffee und anderes, Bäume spenden Schatten. Der Platz liegt etwas erhöht, sodass man vom unmittelbaren Autoverkehr verschont ist. Er ist auch ein guter Ausguck für die Karnevalsumzüge, die hier beginnen bzw. enden. Auf der Südseite steht ein Gedenkstein zur Erinnerung an den Sieg über die Guanchen 1493.

PLAZA ESPAÑA

Auf der Ostseite steht das Rathaus, gegenüber die Erlöserkirche. Der in der Mitte des Platzes in Stein erstarrte Herr, Manuel Días Hernández (1774–1863), war Priester der Erlöserkirche und hat mit seinem liberalen Gedankengut die palmerische Kultur bereichert.

ESSEN & TRINKEN

BAR BAHIA

Immer frische und gut gemachte Tapas. Beliebte Frühstücksbar der Einheimischen, großes Angebot an frischen Säften, wie Papaya, Orange, Möhre. *Calle Lemus, 1 | Mo–Sa 9–15 Uhr |* €

LA BODEGUITA DEL MEDIO

Schinken, Käse und Wein werden hier bis morgens um 2 Uhr serviert. *Calle Alvarez de Abreu, 58 | Tel. 922415912 | So geschl. |* €

LOS BRASEROS

Hier gibt es *cocido canario,* eine Suppe aus Kichererbsen, Kürbis, Kohl und Fleisch. In die Töpfe wandern Produkte aus eigenem Anbau. *Ortsteil Mirca, ca. 10 km von Santa Cruz | Los Alamos, 51 | Tel. 922414360 | Fr/Sa 20–23, Mi/Do und So/Mo 13–18 Uhr |* €

INSIDER TIPP EL CAFÉ DE DON MANUEL

Im ehemaligen Kontor einer Schifffahrtslinie kann man den angeblich besten Kaffee Spaniens trinken. Dazu: leckere Schokoladen- oder Mokka-Torte. *Calle Anselmo de Brito, 2 | So geschl.*

CASA GOYO

Sehr rustikales Lokal. Man speist in einzelnen Bretterverschlägen, jede Tischgesellschaft ist somit unter sich. Es gibt in erster Linie Fisch in guter Qualität. Durch

PALME ALS STAMMBAUM

In den Seekarten des 15. Jhs. wurde die mit Palmen bewaldete Insel mit dem katalanischen bzw. italienischen Plural benannt: *insola de li palme, isla de palmes* usw. Der Plural des italienischen weiblichen Begriffs wurde von den katalanischen Kapitänen wahrscheinlich als Singular wahrgenommen, wobei es dann blieb. Seit 1447 wird die Insel La Palma genannt. Einen Namenszusatz erhielt sie mit einem königlichen Dokument vom 8. Juni 1492, dem Tag des San Miguel. In diesem wird dem Eroberer der Insel, Fernández de Lugo, „San Miguel de La Palma" zugesprochen. Seitdem lautet der offizielle Name der nordwestlichsten der sieben großen Kanareninseln San Miguel de La Palma.

die Flugplatznähe ist dies kurz vor Heimflug eine letzte Möglichkeit zum Fischessen. *Lodero, 12 | Tel. 922440603 | Di–So ab 13 Uhr* | €

ENRICLAI
Sehr kleines Restaurant mit großer, auch vegetarischer Küche. Der Service ist verbindlich, ohne aufdringlich zu sein. *Calle Doctor Santos Abreu, 2 | Tel. 680203296 | So/Mo vormittags geschl.* | €€

LA PLACETA
Café und Restaurant am Rand eines kleinen, hübschen Platzes. Treffpunkt vieler Touristen. *Calle Pérez Brito | Tel. 922415273 | So geschl.* | €€

EL PULPO
Bretterbude am Strand, kanarische Küche, INSIDER TIPP *camarones* (Krabben) als Tapas. Gemischtes Publikum. *Playa de los Cancajos | Tel. 922434941 | Mi geschl.* | €€

LA RAPADURA
Ein gemütliches Frühstückscafé. Man sitzt draußen in der Fußgängerzone. Gute Säfte und INSIDER TIPP preiswerte Mittagsmenüs. *Calle Álvarez de Abreu, s./n. | Tel. 922412492 | So geschl.* | €

SADI
Gekocht wird mit frischen Zutaten von der Insel – zu einem guten Preis-Leistungs-Verhältnis. *Los Cancajos | Urbanización La Cascada | Tel. 922181463 | So geschl.* | €€

EINKAUFEN

ARTESANÍA SANLUPE
Große Auswahl an palmerischem Kunsthandwerk, Spezialitäten, Zigarren, Wein und Rum mit Verkostung. *Avenida Marítima, 14, Calle O'Daly, 50 und Calle Pérez Brito, 9*

AM ABEND

Im Winter gibt es hin und wieder Theater- und Musikaufführungen im *Teatro Chico*

Auch Palmerisches können Sie beim Einkaufen in Santa Cruz entdecken

neben der Markthalle (Programme sind im Touristenbüro erhältlich). Im Sommer gibt es mitunter die sogenannten INSIDER TIPP Sommerterrassen am Hafeneingang: Bars, Tanz, Musik ab 23 Uhr bis in den frühen Morgen

ÜBERNACHTEN

APARTAMENTOS LA FUENTE
Deutsche Leitung, zentral und ruhig. Einige Apartments mit Meerblick, Dachterrasse. *9 Apartments sowie einige*

schöne, rustikale Landhäuser | Calle Pérez Brito | Tel. 922415636 | www.la-fuente.com | €€

HACIENDA SAN JORGE

Die schönste Hotel-Apartment-Anlage in Los Cancajos (s. re.). Der Palmengarten mit Ruhebänken und das gepflegte Restaurant stehen auch Nichtgästen offen. Mülltrennung, sparsame Wasserwirtschaft, das Vermeiden von chemischen Düngern, die Verwendung von LED-Lampen u. v. m. haben der Anlage zahlreiche Auszeichnungen für ihre nachhaltige und umweltschonende Geschäftspoltik eingebracht. *155 Apartments | Playa de Los Cancajos | Breña Baja | Tel. 922181066 | www.hsanjorge.com* | €€€

INSIDER TIPP HOTEL SAN TELMO

Kleines Hotel unter deutscher Leitung in der ruhigen Oberstadt. Schöne Gartenanlage, wo man frühstücken kann, teilweise mit Blick auf den Ozean. *8 Zi. | Calle San Telmo, 5 | Tel. 922415385 | www.hotel-santelmo.com* | €€

LOW BUDG€T

Die Busgesellschaft *Transportes Insular* mit ihrem inselweiten Busnetz offeriert Bonustickets, mit denen man 20 Prozent Rabatt auf den Fahrpreis erhält. Die Tickets, von denen jede Fahrt abgebucht wird, gibt es für 12 bzw. 30 Euro u. a. bei *San Lupe | Calle O'Daly, 50 | Santa Cruz*

Mit der Kombikarte für 4 Euro können Sie das *Museu Insular* in Santa Cruz und das *Museu Arqueológico* in Los Llanos besuchen.

PENSIÓN LA CUBANA

Unterkunft in der Fußgängerzone in einem kanarischen Haus, dem ältesten dieser Art in Santa Cruz de la Palma. *7 Zi. | Calle O'Daly, 24 | Tel. 922411354* | €€

AUSKUNFT

Oficina de Turismo | Plaza de la Constitución | Tel. 922412106 | www.lapalmaturismo.com

ZIELE IN DER UMGEBUNG

LOS CANCAJOS (117 E4) (*G6–7*)

Um 1985 begann die planvolle touristische Erschließung der Insel, ein großer Teil der Bananenterrassen bei Los Cancajos wurde – mit Apartmentanlagen, Supermärkten, Restaurants, Autovermietungen und Büros diverser Veranstalter sowie einem geschützten Strand – zum Zentrum des organisierten Tourismus. In den ersten Jahren gab es diverse Klagen über Wasserqualität, heruntergekommene Geschäftslokale und große Fluktuation der Lokale. Die startenden Flugzeuge des nahen Flugplatzes fliegen zwar noch immer über die Anlage, doch einiges an der Infrastruktur hat sich über die Jahre verbessert. Regelmäßiger Busverkehr zum Fughafen und nach Santa Cruz. *Etwa 4 km südlich von Santa Cruz in Richtung Flughafen*

CUBO DE LA GALGA (113 D4) (*F3*)

Vom Ort La Galga geht es den Schildern nach zum Wanderweg Cubo de la Galga. Vom Parkplatz mit Infotafel ist der ca. 4 km lange Wanderweg PR LP5.1 durch den Lorbeerwald zum *Mirador La Somera Alta* ausgeschildert. Festes Schuhwerk ist empfehlenswert, der Boden ist feucht und uneben. *Parkplatz ca. 600 m von La Galga*

LA GALGA ★ (113 E4) (*G3*)
20 km nördlich von Santa Cruz, über tiefe Barrancos hinweg, an der Hauptstraße nach Los Sauces, liegt La Galga: eine kleine Siedlung mit bellenden Hunden und alten Männern vor dem Kirchenportal. Am Ortsende erhebt sich ein Aussichtspunkt, der *Mirador de San Bartolomé*, mit Blick über das ganze Küstengebiet. Ganz in der Nähe, an der Hauptstraße rechts, empfiehlt sich ein Besuch in der *Casa Asterio* (€€), einem großen Restaurant mit Tapas, Wein und in der Saison mit INSIDER TIPP Zickleinbraten.

Hier wacht die Schutzpatronin über die Insel: Kapelle Las Nieves

LAS NIEVES ★ (117 D2) (*F5*)
In der Kapelle von Las Nieves, mit einem schönen Kirchhof und alten Lorbeerbäumen, befindet sich das Heiligtum der Insel, die Patronin von La Palma und Retterin vieler in Seenot geratener Schiffe: die Jungfrau vom Schnee. Sie wird in vielen religiösen Festen verehrt, deren Höhepunkt die *Bajada* ist, bei der die Jungfrau mit großem Pomp hinunter in die Hauptstadt getragen wird. Die kleine, reich geschmückte Terrakottafigur aus dem 14. Jh. kam schon kurz nach der Conquista nach La Palma. Ihren Namen soll sie aus der Zeit des Vulkanausbruchs von 1646 haben, als aufgrund vieler Bittgebete die Berge der Insel sich mit Schnee bedeckten und so der glühenden Lava Einhalt geboten wurde. *Etwa 5 km oberhalb von Santa Cruz | tagsüber geöffnet | Eintritt frei*

PUNTALLANA (113 E5) (*G4*)
Bunte Felder, die Nähe der See, Barrancos mit zum Teil winzigen Bananenterrassen und traditionellen kanarischen Bauernhäusern, das ist Puntallana (2000 Ew.), ein dicht besiedeltes Verwaltungszentrum. Im ● *Museo Etnografico Casa Luján (Calle El Posito, 3 | Mo–Fr 10–13 u. 16–19, So 10–13 Uhr | Eintritt frei)* erwacht das Leben wie vor 200 Jahren. Zwischen antiken Möbeln und einer kompletten Wohnungseinrichtung des großbäuerlichen Lebens kann man Hausgeräte und handgewebte Textilien bewundern.

DER SÜDOSTEN

Je weiter man auf der Ostseite der Insel nach Süden fährt, desto jünger wird La Palma, geologisch gesehen. Am südlichsten Punkt schließlich hat erst im Jahr 1971 der Vulkan Teneguía mit seiner ausgeflossenen Lava die Insel erweitert.

Folgen Sie der Landstraße, die parallel zur Küste zwischen 500 und 800 m Höhe verläuft, so sehen Sie bis zum Ort Mazo auf der rechten und linken Seite noch viele bebaute Flächen, Felder in mittleren Höhenlagen, Bananen an der Küste. Südlich von Mazo fängt das Gebiet des *malpaís* (schlechtes Land) an. Viele überwucherte Terrassen in Richtung Küste zeigen, dass es hier ehemals Feldbau gab. Rechts tritt nun die Cumbre Vieja näher heran, mit alten Kiefern und nackten Gipfeln. Zwischen Montes de Luna (Mondberge) und Fuencaliente fährt man durch einen Kiefernwald, der mitunter von Nebelschwaden eingehüllt ist, während zur Linken die ersten großen Lavafelder zur Küste hin abfallen. Vor Fuencaliente, ausgeschildert als Los Canarios, beginnt der Weinbau aufs Neue, der ältere Vulkanboden mit seinen reichen Mineralien ist gut geeignet für die überwiegend weißen Sorten Listan und Malvasía. Mazo und Fuencaliente sind in dieser Region die beiden wichtigsten Orte, Zentren für die Landwirtschaft und für das Kleingewerbe. Es gibt nur wenige Strandzugänge an diesem Küstenabschnitt, das Gebiet ist mit seinen vielen Höhenwegen jedoch ein ideales Wanderrevier.

Bild: Krater des Vulkans San Antonio

Land der Lavafelder und Vulkane: Im geologisch jüngsten Teil der Insel erleben Sie die schlafenden Feuerspeier hautnah

FUENCALIENTE (LOS CANARIOS)

(118 C5) (*W E11*) **Der Ort (1700 Ew.) heißt offiziell Los Canarios, von den Einheimischen wird er jedoch Fuencaliente genannt, übersetzt „heiße Quelle". Er wurde im Jahr 1837 eine eigenständige Gemeinde.**

In früheren Zeiten gab es dort eine heiße Quelle, sie wurde 1667 beim Ausbruch des San Antonio verschüttet. An der Freilegung der Quelle wird gearbeitet, sie erweist sich aber als schwierig. Fuencaliente liegt am Abhang der Cumbre Vieja, des „Alten Gipfels", zu der vom Ortskern aus mehrere Wege hinaufführen. Unterhalb des Dorfs sind die Krater der Vulkane San Antonio und Teneguía mit mächtigen Lavafeldern zu sehen. Bananen an der Küste und Wein an den Hängen bestimmen die

Vom Leuchtturm El Faro gut zu sehen: die Salinen von Fuencaliente

Landwirtschaft der Gegend. Die Weinkellerei profitiert von den Lavafeldern, auf denen die Malvasía-Traube wächst.

SEHENSWERTES

BODEGAS TENEGUÍA

Diese Weinkellerei wurde 1945 als Kooperative gegründet und ist berühmt für die Erzeugung des teuren und schweren Likörweins aus der Malvasía-Traube. Die Jahresproduktion der modernen Kellerei beträgt 250 000 l Weißwein, 80 000 l Rosé *(rosado)*, 50 000 l Rotwein und etwa 10 000 l Malvasía. *Die Zufahrt ist ausgeschildert, Anmeldung im Büro | tgl. ab 9.30 Uhr | Eintritt frei*

ESSEN & TRINKEN

LA CASA DE VOLCÁN

Das kleine, etwas abseits gelegene Restaurant in Nähe des Vulkans San Antonio verfügt über einen Weinkeller und bietet heimische Weine an. Gekocht wird kanarisch. Auf der Karte: Kaninchen und Fischgerichte. *Calle Los Volcanes, 23 | Tel. 9 22 44 44 27 | Mo geschl. | €*

PUESTA DE SOL

Bekannt ist dieses Restaurant für seine Fleischgerichte von heimischen Tieren. Man hat einen tollen Blick auf den Ozean und dazu gibt es einen spektakulären Sonnenuntergang. *Los Quemados, apartamentos colón, 54 | Tel. 6 80 16 07 47 | Mo–Sa ab 18 Uhr | €€*

EINKAUFEN

Die *Bar Parada* auf der rechten Seite der Hauptstraße bietet selbst gemachtes Gebäck aus Mandeln an: *rapaduras* (eine Art Mandelkonfekt) und *queso de almendras* (harter Mandelkuchen) an, außerdem Wein – INSIDER TIPP auch Malvasía – Käse und andere hausgemachte Köstlichkeiten.

FREIZEIT, SPORT & STRÄNDE

Nördlich vom Leuchtturm (s. El Faro unten) können Sie einige Strände gut mit dem Auto anfahren. Allerdings gibt es dort weder Duschen noch Rettungsschwimmer, auch Toiletten und Kioske fehlen. Fahren Sie bis kurz vor den Leuchtturm, dann rechts die Piste entlang. Durch die Bananenfelder gelangen Sie zum Ferienkomplex *La Palma Princess*. Auch wenn Sie dort nicht logieren, dürfen Sie das Spa nutzen. Und vom Rundweg um das Hotel haben Sie einen phantastischen Blick auf die Küste. Achtung: Auch an dieser Küste ist Vorsicht geboten. Bei stärkerem Wellengang auf keinen Fall baden!

ÜBERNACHTEN

HOTEL LA PALMA PRINCESS

Luxushotel unterhalb des Ortsteils Las Indias direkt über dem Meer. Ausstattung vom Feinsten, viele Sportmöglichkeiten, Spa, Restaurants und Abendprogramm. *247 Zi. | Carretera de la Costa | Tel. 922425500 | www.princess-hotels.com | €€€*

PENSIÓN LOS VOLCANES

Kleine Pension, die sich gut als Ausgangspunkt für Wanderungen zu den Vulkanen und zur Küste eignet. *7 Zi. | Carretera General, 84 | Tel. 922444164 | €*

ZIELE IN DER UMGEBUNG

EL FARO ★ (118 C6) (*E12*)

Der alte Leuchtturm ist schon lange außer Betrieb ist und beherbergt eine Dauerausstellung zum Thema „Meer und Mensch in Harmonie". Daneben gibt es den neuen Leuchtturm, eine funktionale Konstruktion. Von den Leuchttürmen, die über eine 8 km lange Teerstraße von Fuencaliente erreichbar sind, haben Sie einen schönen Blick auf die INSIDER TIPP *Salinen (www.salinasdefuencaliente.com)*, die Sie besichtigen können. Das Restaurant *Jardín de La Sal (direkt in den Salinen | Tel. 922979800 | tgl. | €)* widmet sich mit Fotos, Museumsstücken und einem Salinenrundgang dem Thema Salzgewinnung. Die Küche bietet Fleisch- und Fischgerichte und würzt mit dem aus dem Meer gewonnenen Salz (ohne Zusätze), das Sie auch kaufen können.

VULKANE SAN ANTONIO UND TENEGUÍA ★ (118 C5–6) (*E11–12*)

Unterhalb von Fuencaliente befinden sich die beiden „neueren" Vulkane. Der südlichere ist der Teneguía. Vom Kraterrand des *San Antonio (Eintritt 5 Euro)* haben Sie einen großartigen Blick über die Küste. Ein gebührenpflichtiger Parkplatz und ein Informationskiosk befinden sich unterhalb des Vulkans. Es geht durch alte, schwarze Lavafelder, in denen sich das Grün der Weinstöcke abhebt. Zum warmen Lavagestein des Teneguía kommen Sie nur zu Fuß.

MARCO POLO HIGHLIGHTS

★ El Faro
Idyll um alten und neuen Leuchtturm mit kleinen Fischerhütten und Salinen → S. 47

★ Vulkane San Antonio und Teneguía
Die phantastische Aussicht vom Kraterrand und das noch warme Gestein lassen einen die Vulkane hautnah erleben → S. 47

★ Refugio El Pilar
Unter Pinien lässt's sich gut picknicken, oder man startet zur Wanderung auf die Cumbre → S. 51

LAS BREÑAS UND MAZO

(117 D–E 3–5) (*F–G 6–8*) **Die zwei Gemeinden Breña Alta und Breña Baja, kurz Las Breñas genannt, haben mit ihren Bezirken rund 10 000 Einwohner und sind Wohnstatt für viele, die in Santa Cruz arbeiten.**

Stickerei- und Fronleichnamsmuseum hinter Jugendstilfassade: Casa Roja

Die Orte sind gepflegt und bilden eine Mischung aus alten kanarischen Häusern und modernen Zweckbauten. Für Touristen bieten sie relativ wenig, der Reiz liegt in der umliegenden Landschaft. Grüne Hänge ziehen sich sanft an den Ausläufern der Cumbre entlang, hier wird Landwirtschaft betrieben, auch Tabakanbau. Die Nachbargemeinde im Süden ist *Mazo,* ebenfalls von der Cumbre bis zum Meer reichend, mit dem Flughafen als wichtigem Steuerbringer. Zwei Hauptstraßen führen durch Mazo, dazwischen verbinden steile Sträßchen die Ortsteile.

SEHENSWERTES

CASA ROJA

Das Haus beherbergt ein Stickereimuseum und ein Fronleichnamsmuseum mit Fotos und Dokumenten. *Mazo Calle Pérez Diaz | www.islabonita.es | Mo–Fr 10–14, Sa 11–18 Uhr | Eintritt 4 Euro*

IGLESIA SAN BLAS

Die Kirche aus dem 16. Jh. mit einem kunstvoll geschnitzten Altar aus Caoba-Holz birgt mehrere Figuren im barocken bzw. flämischen Stil und flämische Gemälde (16. Jh.). *Mazo | unregelmäßig geöffnet*

INSIDER TIPP MUSEU DEL PURO

Seit 2012 zeigt das Zigarrenmuseum die Geschichte des palmerischen Tabaks und der heimischen Zigarrenproduktion, die besonders mit dem Ort Breña Alta verbunden ist. *Breña Alta | Ortsteil San Pedro | Parque de los Álamos | Di–Sa 10–13 Uhr | Eintritt 2 Euro*

ESSEN & TRINKEN

LOS ÁLAMOS

Restaurant gegenüber vom Zigarrenmuseum. Draußen sitzen man mit Blick auf den Park. Es gibt eine Spezialität aus Teneriffa: *carne de fiesta*, eine Art Schweinegulasch auf Pommes mit roter Mojo. INSIDER TIPP Wegen der großen Portionen halbe Portion bestellen! *Breña Alta | Parque de Los Álamos | Tel. 922429843 | tgl. |* €

BAR EL CHINCHAL DE EL ARCO

Diese kleine Bar, benannt nach einer Zigarrendreherwerkstatt, wird von Einheimischen frequentiert und ist auf kleine, kreativ zubereitete Speisen spezialisiert, wie z. B. Pastel Marino, eine Thunfisch-Boniatopaste. Dazu gibt es gute palmerische Weine. *Breña Alta | Calle Atlántida, 2 | Tel. 922438003| So geschl. |* €

CASA OSMUNDA

Sehr geschmackvoll ausgestattetes Restaurant, ein Teil ist in einem ehemaligen *aljibe* (Wasserspeicher) untergebracht. Kreative Küche, z. B. gebratener *pulpo* in eigener Tinte. *Breña Alta | Subida La Concepción, 2 | Tel. 922241635 | So abends u. Mo geschl. |* €€€

LA GRAJA

Ausschließlich kanarische Speisen, z. B. *migas de bacalao con boniatos* (Trockenfisch mit Süßkartoffeln) und Gofiogerichte. *Breña Alta | Carretera Las Nieves, 32 | Tel. 922420218 | So/Mo geschl. |* €€

INSIDER TIPP KIOSCO PLAYA SALEMERA

Kiosk am Meer mit Fisch vom Grill. *Ca. 4 km von Mazo | Kurz vor Cueva Belmaco (s. S. 51) den Schildern folgen | Tel. 639837643 | Di geschl. |* €€

LAS TRES CHIMENEAS

Gemütliches Restaurant im kanarischen Stil. Es gibt internationale Gerichte, auch für Vegetarier ist gesorgt. *Buenavista am alten Flugplatz, Hauptstraße nach Los Llanos | Tel. 922429470 | Di geschl. |* €€€

EINKAUFEN

INSIDER TIPP LA DESTILADERA

Zentrum zur Förderung Erwerbsunfähiger. Fertigung und Verkauf von Zigarren, Web- und Korbwaren, Lederartikeln etc. *Breña Alta | Ortstteil San Pedro | Calle Benahoare, 4 | Mo–Fr 8–15 Uhr*

MERCADILLO

Der „kleine Markt" ist ein beliebter Treffpunkt vieler deutscher Residenten der Insel. Verkauft werden Produkte örtlicher Landwirte: frisches Gemüse und Obst, Weine, Liköre, Marmeladen, selbst gebackenes Brot und Kuchen,

LOW BUDG€T

Die Preise für Obst und Gemüse liegen auf europäischem Niveau. Günstig kaufen Sie frische Waren vom Erzeuger, etwa auf dem *Mercadillo* von *Mazo (Sa 11–19, So 9–13 Uhr).*

Handgedrehte La-Palma-Zigarren sollten Sie nicht erst bei der Abreise im Flughafenshop kaufen, sondern vorher – und preiswerter: Ab 70 Cent/Stück im Format der Corona gibt es den 25er-Pack beim Zigarrendreher, z. B. bei *Richard* in *Breña Alta (San Pedro | Calle El Porvenir, 36).*

hausgemachte *mojos*, Käse und vieles mehr. Im ersten Stock des Markts steht Kunsthandwerk zum Verkauf. *Mazo | Markthalle | Av. del Puente | Sa 11–19, So 9–13 Uhr*

EL MOLINO

In dieser schön gelegenen Töpferei wird nach historischen Guanchenmustern schwarze Töpferware hergestellt. Bei Interesse können Sie den Töpfern kostenlos über die Schulter schauen. *Hoyo de Mazo*

ZIGARREN

In Las Breñas haben sich einige Zigarrendreher angesiedelt. Einer von ihnen, dem neugierige Touristen in seiner *tabaquería* bei der Arbeit zusehen können, ist *El Rubio* (der Blonde) in *Breña Alta | Ortsteil San Pedro | Carretera General, 10.*

FREIZEIT & SPORT

BALTAVIDA

Im Fitnesszentrum mit Schwimmhalle gönnen Besucher sich Massagen, besuchen die Sauna, entspannen im Jacuzzi oder schwimmen im 25-m-Becken. In der *zona de hamacas* locken Hängematten zum Relaxen. *Calle Constitución, 39 | Mo–Fr 8–22, Sa 10–19, Uhr | Eintritt ab 5 Euro je nach Nutzungsart und Dauer*

INSIDER TIPP LUCHA CANARIA

Mazo ist auf La Palma ein Zentrum des kanarischen Ringkampfs. Ein Besuch lohnt wegen der einmaligen Atmosphäre. *Saison März –Nov. | Auskünfte: Ayuntamiento Mazo | Tel. 922440003*

ÜBERNACHTEN

APARTAMENTOS VISTA BELLA

Wie der Name sagt: Der Blick ist schön. Große Gartenanlage mit Schwimmbecken und Tennisplatz. *9 Apartments | San José Polvacera, 312 | Tel. 922434975 | www.la-palma.de/vistabella* | €€

PARADOR DE LA PALMA

Staatlich geführtes Hotel in einem Gebäude im kanarischen Stil mit Aussicht ins Tal. Fürs Restaurantessen werden Gemüse und Kräuter aus dem INSIDER TIPP Küchengarten, der im großen Park liegt, verwendet. Regenwasser speist die Gartenanlage. *78 Zi. |*

BLÜTENTEPPICHE

Jedes Jahr am zweiten Donnerstag nach Pfingsten wird in den katholischen Gegenden das Fronleichnamsfest gefeiert, und das seit 1264. Nach Spanien gelangte der Festbrauch 1319, nach La Palma in der heutigen Art um 1870. Die Gemeinden der Insel wetteifern um die schönste Ausstattung ihres Orts: mit Blumenteppichen und Bildern aus Blüten und bunten Samen. Wochen vor Corpus Christi sitzen die Frauen in jedem der 14 *barrios* (Bezirke) von Mazo beisammen und kleben die zuvor gesammelten Samen, Blüten und bunten Pflanzenteile auf hölzerne Unterlagen zu verblüffend naturalistischen Bildern zusammen. Dabei entstehen Engels- und Jungfrauenporträts, Landschaften und Ornamente. Am Festtag werden die Straßen mit Blütenmustern wie mit einem Teppich ausgelegt, und darüber erheben sich die Blütenbögen wie Monumente. Mazo ist zu dieser Zeit der farbenprächtigste Ort der ganzen Insel.

Hier können Besucher erleben, wie aus Ton Kunsthandwerk entsteht: Töpferei El Molino

Carretera de el Zumacal | Breña Baja | Tel. 922435828 | www.parador.es | €€€

ZIELE IN DER UMGEBUNG

CUEVA DE BELMACO
(119 E1) (*🕮 F–G8*)

Die Guanchenhöhle 4 km südlich von Mazo birgt einige prähistorische Felsbilder. Kleines Museum und Infohäuschen. *Bei km 7 Richtung Fuencaliente | Mo–Sa 10–18, So 10–15 Uhr | Eintritt 2 Euro*

MIRADOR DE LA CONCEPCIÓN
(117 D3) (*🕮 F–G6*)

Weite Blicke über die Hänge von Las Breñas, zum Meer und zur Cumbre sowie hinunter nach Santa Cruz, besonders auf den Hafen, auch INSIDER TIPP sehr schönes Nachtpanorama. *Buenavista, Richtung Los Llanos an der Kreuzung rechts*

MONTE DE BREÑA
(117 D4) (*🕮 F–G7*)

Seit der Conquista führte hier ein wichtiger Verbindungsweg von Velhoco nach Fuencaliente. Die Landschaft war so schön, dass ein Gesetz von 1611 „das Abschneiden von Baumzweigen mit 30 Tagen Gefängnis oder 6000 Maravedis" ahndete. Geblieben ist ein weiter Blick über Las Breñas bis Santa Cruz und zur Cumbre. *Abzweigung hinter Mazo (La Rosa), den camino montaña nach Westen, etwa 2 km*

REFUGIO EL PILAR ★
(116 C5) (*🕮 E7*)

Von Las Breñas führt eine kurvenreiche, jedoch gut ausgebaute Straße über San Isidro auf die Cumbre Nueva. Dort liegt das Refugio El Pilar mit großem Grillplatz. Wanderwege führen in den Wald oder auf die Cumbre. *Etwa 14 km von Breña Alta*

SALINERAS (119 F2) (*🕮 H4*)

Es gibt vor Salineras einen Sandstrand, direkt bei Salineras einige kleinere Steinstrände und Buchten. Einige Fischerboote liegen dort, ein friedliches Plätzchen. Fahren Sie von Mazo auf der unteren Straße hinter der Abzweigung nach Fuencaliente die erste Teerstraße links hinunter. Es geht einige Kilometer über nicht asphaltierte Piste. Auf Schildern heißt Salineras übrigens auch *Salemeras.*

DER SÜDWESTEN

Jenseits der Cumbre Vieja, im Dreieck La Cumbrecita, Fuencaliente und Tazacorte, breitet sich der Südwesten der Insel mit steilen Gipfeln, trockenen Hängen, erloschenen Vulkanen und urzeitlichen Lavafeldern aus.

In diesem Gebiet leben rund 30 000 Menschen, allein in der seit 1998 größten und mit Santa Cruz rivalisierenden Stadt Los Llanos de Aridane rund 19 000. Die Region hat den einzigen Fischereihafen von Bedeutung und das größte zusammenhängende Bananenanbaugebiet der Insel. Kleingewerbe wie Werkstätten, eine Käsefabrik, der im Rahmen der europäischen Harmonisierung eingerichtete TÜV, Agrogeschäfte, die Maschinen und Pestizide verkaufen, und Bananenabpacker geben der Region einen gewissen Wohlstand. Hinzu kommt der Tourismus. Das besonders trockene Klima und der bedeutende Strandort Puerto Naos sowie die zahlreichen Unterkünfte und Geschäfte, die sich auf Tourismus eingestellt haben, ziehen Urlauber an. Wer von Strandleben und Sonnenbaden nichts wissen will, hat in Los Llanos den besten Zugang zum Nationalpark *Caldera de Taburiente,* insofern haben auch viele Wanderfreunde das Gebiet schätzen gelernt.

Schon die spanischen Eroberer unter Alonso Fernández de Lugo, die bei Tazacorte landeten, empfanden die *Cumbre* als Hindernis auf ihrem Eroberungszug. Später, als die Spanier Fuß gefasst hatten, errichteten sie die Königswege, die *Caminos Reales,* die mit groben Qua-

Bild: Ermita de las Angustias in Los Llanos de Aridane

Schönes Wetter zwischen Cumbre und Strand: Auf der Sonnenseite der Insel ist die Region touristisch gut erschlossen

dern gepflastert waren und West und Ost verbanden. Noch bis in die 1950er-Jahre wurden sie von Bauern benutzt, die ihre Waren mit Mulis zum Markt brachten.

Heute bieten diese Wege hervorragende und stille Möglichkeiten, die Gegend bei einer Wanderung zu erkunden. Einer der *Caminos Reales* verläuft in diesem Gebiet von der Ermita Virgen del Pino hinauf auf die Cumbre, wo Sie die Möglichkeit haben, bis zum Refugio El Pilar zu gehen.

EL PASO

(115 E3–4) (*D6*) **Rund 6000 Menschen leben in El Paso, dem größten Verwaltungsbezirk La Palmas**

Fast 140 km^2 zieht sich der Bezirk in Nord-Süd-Richtung über die Cumbre und die Caldera. Über einen direkten Zugang zum Meer verfügt er allerdings nicht. Der eigentliche Ort erstreckt sich mit schönen kanarischen Häusern und ländlichen Winkeln zwischen der alten

Großartiger Blick in die Caldera de Taburiente: Mirador de las Chozas nahe der Cumbrecita

Verbindungsstraße nach Los Llanos, Las Cuestas, sowie der Carretera General, der verkehrsreichen Hauptstraße, die Santa Cruz mit Los Llanos verbindet.

El Paso gilt traditionell als Dorf des Kunsthandwerks, neben der Landwirtschaft ein wichtiger Erwerbszweig. Die Lage abseits von Lärm und Hitze des Küstentieflands, mit den Bergen im Rücken und dem Blick über das Aridanetal von Los Llanos, begünstigt die vielseitigen Kreationen von Strohhüten, Körben, Seidenstoffen, Zigarren, Schnitzereien und Stickereien. In den 1990er-Jahren hat El Paso mit einigen Neubauten, etwa einem großen Supermarkt samt doppelstöckigem Parkplatz und anderen serviceorientierten Gebäuden sein Gesicht verändert und etwas von seinem Reiz eingebüßt.

SEHENSWERTES

TALLER DE SEDA LAS HILANDERAS (SEIDENMUSEUM)

Das Seidenmuseum mit angeschlossener Weberei informiert über die Geschichte der Seidenproduktion auf La Palma. In der Weberei können Sie den Frauen bei der Arbeit zuschauen. *Calle Manuel Taño, 4 | Mo–Fr 10–14 Uhr | Eintritt 4 Euro*

ESSEN & TRINKEN

BODEGÓN TAMANCA

Das Restaurant liegt im Berg, unter einem gemauerten Steingewölbe. Es gibt hier gute Tapas, wie *jamón serrano* (luftgetrockneter Schinken), *queso blanco* (Ziegenkäse) und INSIDER TIPP *morcilla*, eine mit Rosinen und Mandeln gesüßte Blutwurst. Bodegón Tamanca ist auch eine gute Adresse für zarte Steaks und eigenen Wein, zum Teil in Bioqualität. *Las Manchas | von El Paso Richtung Fuencaliente etwa 10 km | Tel. 922494155 | Mo geschl. | €€*

RESTAURANTE FRANCHIPANI

Gemütliches Restaurant mit zum Teil karibischer Küche, in dem auch Vegetarier und Veganer ein Gericht finden. Es werden regionale Bioprodukte verarbeitet und auf Geflügelgerichte verzichtet man der Massentierhaltung wegen ganz. Es gibt eine Raucherlounge und dazu natürlich palmerische Zigarren. *Carretera General | Empalme Dos Pinos, 57 | Tel. 922402305 | Do–Di 17-22.30, So ab 13 Uhr | www.restaurante-franchipani.com |* €€€

IL GIARDINO

Hier bekommen Sie italienische Hausmannskost, gute Nachspeisen und hausgemachten Kuchen. *Carretera Tajuya, 2 | Tel. 922485506 | Di/Mi geschl. |* €€

YARACUY

Die *arepas*, mit Fleisch oder Käse gefüllte Teigtaschen, sind in dieser venezolanischen Arepera besonders frisch und lecker. Die Nationalspeise Venezuelas ist auch bei Palmeros sehr beliebt. *Calle Antonio Pino Pérez, 10 | Tel. 922497182 | Mo geschl. |* €

EINKAUFEN

MERCADILLO

Auch in El Paso gibt es einen Markt mit Produkten regionaler Erzeuger. *Calle Paso de Abajo s./n. | Fr 15–19, Sa 9–14 Uhr*

ÜBERNACHTEN

PALMA JARDÍN

Sehr schöne Anlage, mit Garten, Pool und Tennisplatz. *24 Apartments | Urbanización Celta, kurz vor Los Llanos rechts abbiegen und der Ausschilderung folgen | Tel. 922463567 | www.lapalmajardin.com |* €€

LA TIENDA

Gemütliche Pension in altem kanarischem Haus. Pool, Sauna, Garten. *6 Zi. | 4 Apartments | Cruz Grande, 1 | Tel. 922497342 | www.lapalma-pension.de |* €€

ZIELE IN DER UMGEBUNG

CENTRO DE VISITANTES (BESUCHERZENTRUM DES NATIONALPARKS)

★ ● (116 B3) (*E6*)

Das Besucherzentrum hat jede Menge interessanter Informationen über La Palma versammelt. Empfehlenswert ist ein Besuch, bevor Sie zu einer Wanderung in die Berge aufbrechen. Hier erhalten Sie auch die Camperlaubnis für die Caldera. *Abzweig zur Cumbrecita, 3 km vom Zentrum | Tel. 922497277 | www.mma.es/parques | Mo–Sa 9–14 und 16–18.30 Uhr | Eintritt frei*

LA CUMBRECITA ★

(116 B2) (*E5*)

Auf einer etwa 8 km langen, asphaltierten Straße (von der Carretera General Richtung Santa Cruz) erreichen Sie den Aussichtspunkt La Cumbrecita. Aus einer Höhe von 1300 m ist der Blick in den Talkessel der *Caldera de Taburiente* phan-

MARCO POLO HIGHLIGHTS

★ La Cumbrecita
Atemberaubende Blicke in den Kessel der Caldera de Taburiente
→ S. 55

★ Besucherzentrum des Nationalparks
Hier erfahren Sie alles Wissenswerte über La Palma → S. 55

★ Mirador El Time
Von diesem Aussichtspunkt überschaut man einen großen Teil der Region → S. 60

★ Puerto Tazacorte
Bei Sehleuten beliebt: der erweiterte Hafen von Tazacorte
→ S. 62

tastisch. Etwa 20 Min. Fußweg entfernt befindet sich ein weiterer Aussichtspunkt, der *Lomo de las Chozas*, von dem der Blick ebenfalls über die Caldera und den Idafe reicht. Es gibt nur 16 Parkplätze. Wer mit dem Auto hinauffahren möchte, muss eine Reservierung im Besucherzentrum (s. S. 55) einholen.

Verspielte Mosaiken auf der Plaza La Glorieta in Las Manchas

ERMITA VIRGEN DEL PINO
(116 B3) (*D E6*)

Eine kleine Kapelle unter einer mächtigen Kiefer, die im Mittelpunkt des gleichnamigen Fests am 1. September steht. Den Schlüssel für die Kapelle bekommen Sie im Nachbarhaus. Oberhalb schlängelt sich ein *camino real* durch den Wald, immer die Anhöhe hinauf. Nach einer Wanderung von etwa einer Stunde kommen Sie oben auf der *Cumbre* heraus. *Carretera General Richtung Santa Cruz, dann links der Straße zur Cumbrecita folgen | 3 km von El Paso*

INSIDER TIPP MUSEO DEL VINO
(115 E6) (*D D8*)

Weinmuseum, mit der Möglichkeit, die Tropfen auch zu verkosten. Die ganze Geschichte des palmerischen Weins. *Las Manchas, unterhalb des Bodegón Tamanca | Mo–Fr 9.30–13.30 und 16–18.30, Sa 9.30–14 Uhr | Eintritt 4 Euro | 8 km südlich*

PICO BEJENADO (116 A2) (*D D5*)

Eine Wanderung zu diesem unweit von El Paso liegenden Gipfel belohnt mit weiten Blicken in den Nationalpark Caldera. *Anfahrt über die Straße zur Cumbrecita, dann links nach Valencia. Der Teerstraße in die Höhe folgen, sie wird bald zur Piste. Von dort zu Fuß stetiger Aufstieg bis zum Gipfel, etwa 2 Std.*

INSIDER TIPP PLAZA LA GLORIETA
(115 E6) (*D D8*)

Ein aus Mosaiken und Vulkansteinen gestalteter, wunderschöner und friedlicher Platz mitten in der Natur. Wurde von dem palmerischen Künstler Luis Morera konzipiert. *Las Manchas | neben dem Weinmuseum | 8 km südlich*

STRASSE EL PASO – FUENCALIENTE (LOS CANARIOS)
(114 E4–6, 118 B–C 1–5) (*D 6–E 11*)

Etwa 25 km auf der LP 2. Die Straße führt durch *San Nicolás* und *Jedey*, kleine Orte, in denen es nichts weiter gibt als über Mauern hängende Geranien, alte Männer, die auf Mäuerchen sitzen und Frauen, die die Tritte ihrer Häuser fegen. Die Landschaft ist jedoch vielfältig: Wein, Lavafelder, Pinien, Eukalyptusbäume und *malpaís*. Es gibt Aussichtspunkte mit weitem Blick über Bananenplantagen, Küste und Meer, manchmal können Sie bis zur Insel El Hierro und zu den fernen Häusern von Puerto Naos sehen.

LOS LLANOS DE ARIDANE

(115 D3) (*C6*) **Als Besucher werden Sie, wenn sie zuvor in Santa Cruz waren, von der geschäftigen Atmosphäre und den vielen Zweckbauten der 19 000 Einwohner zählenden Stadt zunächst vielleicht befremdet sein.**

Sie scheint auf den ersten Blick so gar nicht ins palmerische Idyll zu passen. Und doch hat auch Los Llanos reizvolle Winkel. Sobald Sie durch die kleine Stadt wandern, entdecken Sie hier und dort auch Gewachsenes. Neben den Betonkästen gibt es geschmackvolle Wohnhäuser – beide zeugen nicht von Armut. Der Wohlstand kommt von den riesigen Bananenplantagen, die stellenweise noch bis in den Ort hineinreichen.

Außerdem ist Los Llanos das kommerzielle Zentrum der Westküste. Die Bewohner sind weniger zugänglich als etwa in Santa Cruz, man geht mit größerem Ernst seinen Geschäften nach, so scheint es. Alles ist ein bisschen konservativer als andernorts. Touristisch gesehen bietet Los Llanos aber alles, was Urlaubern Freude macht: Bars, Diskotheken, Andenkengeschäfte, Boutiquen, Reisebüros, Supermärkte, Restaurants, ein Kino und meistens schönes Wetter. Der Ort ist ein guter Ausgangspunkt für Ausflüge in den Nationalpark Caldera de Taburiente, in die Küstenorte Puerto Naos und Tazacorte und in den Norden.

SEHENSWERTES

AVENIDA TANAUSÚ

Kurze Straße von der Avenida Doctor Fleming hinunter zur Markthalle mit Stadtvillen, blühenden Vorgärten und gefliesten Eingängen. Die Avenida wird von Palmen, Jakaranda- und Tulpenbäumen gesäumt, die im Juni und Juli in voller Blüte stehen.

IGLESIA DE NUESTRA SEÑORA DE LOS REMEDIOS

Die große Kirche im Stadtzentrum wurde zu Anfang des 16. Jhs. erbaut. In ihr befinden sich zahlreiche Kunstschätze, darunter auch die Figur der Stadtpatronin *Nuestra Señora de los Remedios*, die Schnitzarbeit eines Brüsseler Meisters aus dem 16. Jh. Ferner ist eine schöne *Marmorskulptur* zu sehen. *Plaza de España | tgl. 9–14 und 17–19 Uhr | Eintritt frei*

MUSEO ARQUEOLÓGICO BENAHOARITA (ARCHÄOLOGISCHES MUSEUM)

Hier wird die Geschichte der palmerischen Ureinwohner in zahlreichen Funden, Schautafeln und Videos dargestellt. *Calle de Las Adelfas, 1 | Di–Sa 10–14 und 17–20 Uhr | Eintritt 4 Euro*

INSIDER TIPP PARQUE ANTONIO GÓMEZ FELIPE

Der palmerische Künstler Luis Morera hat diesen Park mit vielen seiner Skulpturen bereichert. Außerdem: alte Bäume, Wasserspiele, Bänke, Kinderspielplatz. *An der Straße nach Puerto Naos*

ESSEN & TRINKEN

EL HIDALGO

Restaurant mit schöner kanarischer Atmosphäre. Auf der Karte: Steaks und eine reiche Weinauswahl. Gartenterrasse. *Calle La Salud, 21 | Tel. 922463124 | www.lapalma-hidalgo.com | Mi geschl.* | €€

FRIDA

Stilvolles Eiscafé und Konditorei mit Milchshakes, Eis, Torten, Waffeln und mehr – alles hausgemacht. Man kann draußen sitzen und auch frühstücken. *Calle Sotelo, 24 | Tel. 922465110 | So geschl.*

MAR Y TIERRA

Einfaches Grillrestaurant in einem großen Hinterhof. Ohne großartige Kochkünste, aber frische Grillgerichte von Huhn, Fisch und Ziege. *Calle Fernández Taño, 29 | Tel. 922462403 | tgl.* | €

EL RINCÓN DE MORAGA

Hier wird je nach Marktangebot frisch gekocht. Gemütliche Atmosphäre in einem kanarischen Haus mit Hofterrasse. *Argual | Llano de San Pedro, 4 | Tel. 922464564 | So geschl.* | €€

LOW BUDG€T

Inselrundfahrt fast umsonst: Das Ticket der Busgesellschaft *Transportes Insular* kostet 4 Euro, und die Busse fahren im Schnitt alle zwei Stunden einmal um die Insel. Zeit genug, um unterwegs auch noch eine Mittagspause einzulegen. Fahrpläne im Busbahnhof in Los Llanos, Tickets im Bus.

Satt für 2,50 Euro mit einem kräftigen *bocadillo*, das ist ein großes warmes, mit Fleisch, Käse oder Tortilla belegtes Brötchen, werden Sie am Imbissstand in der Markthalle von Los Llanos.

EINKAUFEN

CALLE IGLESIA 5

Der kleine Laden ohne einen erkennbaren Namen hat ein breites Angebot an Strohhüten und anderen palmerischen Gebrauchsartikeln. *Calle Iglesia, 5*

MERCADILLO

Hier bieten Bauern ihr selbst angebautes Gemüse und Obst an, außerdem Kuchen, Brot und Käse, vieles davon in Bioqualität. *Ortseingang von El Paso kommend | So 6–15 Uhr*

MERCADO

In der Markthalle gibt es alle palmerischen Landerzeugnisse sechsmal die Woche frisch – und etwa 30 Prozent teurer als in der Markthalle der Hauptstadt. *Plaza Mercado | Mo–Sa 8–14 Uhr*

FREIZEIT UND SPORT

Die Wellness-Oase *Buddhacasa* im Ortsteil Las Manchas *(ca. 10 km südl. vom Zentrum Los LLanos | Tel. 616530485 | www.buddhacasa.com)* bietet Körperbehandlungen und Workshops, wie etwa Wirbelsäulen-Release, Massagen und Thai-Yoga.

Moutainbiker sind bei *Bike'n'fun (Calle Calvo Sotelo, 20 | Tel. 922401927 | www.bikeenfun.de)* richtig: Dort stehen verschiedene Touren auf dem Programm und Räder werden vermietet.

Tauchkurse für Anfänger und Fortgeschrittene vermittelt die *Casa de Buceo (Calle Calvo Sotelo, 16b | Tel. 663326520 | www.casadebuceo.com)*.

AM ABEND

LA LUNA

Beliebtes Café, häufig auch mit musikalischem Abendprogramm. *Calle F. Taño, 26*

Beliebter Treffpunkt zu jeder Tages- und Nachtzeit: Plaza de España

MILLENIUM PLAZA
Vergnügungszentrum mit dem Disko-Pub *El Plata,* Kino und Bierlokal. Los geht es ab 22 Uhr los. *Calle Ramon Pol | hinter dem Busbahnhof*

PLAZA DE ESPAÑA ●
Nach dem Restaurantbesuch lädt der auch abends belebte Platz unter mächtigen Lorbeerbäumen zum Absacker ein. Im Zentrum steht der Kiosk mit guten *café con leche*. Die Lokale versorgen sie auch mit anderen Getränken und Tapas.

ÜBERNACHTEN

HOTEL EDÉN
Zentral an der Plaza de España gelegenes Hotel; Nachteil: bei Fiestas kann es ziemlich lange sehr laut zugehen. *18 Zi. | Tel. 9 22 46 01 04 | www.hoteledenlapalma.com* | €€

TROCADERO PLAZA
Hotel in einer ruhigen Seitenstraße, gegenüber vom Archäologischen Museum. *18 Zi. | Calle Adelfas, 12 | Tel. 9 22 40 30 13 | www.hoteltrocaderoplaza.com* | €€

AUSKUNFT
Oficina de Turismo | Avenida Doctor Fleming, beim Uhrenturm, unterirdisch | Tel. 9 22 40 25 83 | www.aridane.org

ZIELE IN DER UMGEBUNG

INSIDER TIPP ARGUAL
(114–115 C–D3) (*🕮 C6*)
Knapp 2 km vom Zentrum Los Llanos entfernt befindet sich einer der geschichtsreichsten Orte der Insel: Argual. Im Grunde besteht er nur aus einem großen Platz, um den einige Herrenhäuser stehen, einer kleinen Straße mit Wohnhäusern sowie einer Bananenabpackerei. Nach der endgültigen Eroberung der Kanarischen Inseln, die im Vertrag von Burgos 1496 schriftlich fixiert wurde, erhielt Alonso Fernández de Lugo weit reichende Rechte zur Ausbeutung des Bodens und des Wassers auf der Insel. Er wurde zum ers-

An den schwarzen Sand muss sich manch einer erst gewöhnen: Strand in Puerto Naos

ten Besitzer von Argual und machte sich sofort daran, das Wasser des Río Tazacorte zu kanalisieren und nach Argual zu führen. Er baute eine stattliche Hazienda, die im Lauf der Zeit durch viele Hände ging. Die Hazienda ist typisches Beispiel eines Großgrundbesitzes aus dem 16. und 17. Jh.

Auf der Plaza de Sotomayor findet *jeden Sonntag von 9 bis 15 Uhr* ein *Flohmarkt* statt. ● *Artefuego (Plaza de Sotomayor, 29 | www.artefuego.com | Fr–Mi 10–14 Uhr, Vorführung: So 10–14 Uhr)* heißt die Glasbläserwerkstatt von Dominic Kessler Kaspar und Wladyslaw Gozdz. Die beiden ausgebildeten Glasbläser fertigen fast nur Einzelstücke, u. a. auch in Verbindung mit Lavagestein. Sonntags gibt es kostenlose Vorführungen dieser Kunst.

MIRADOR EL TIME ★ ●

(114 C3) (*C6*)

Von dem etwa 600 m hoch gelegenen Aussichtspunkt haben Sie einen schönen Blick über das gesamte Aridanetal bis hin zur Küste und zur Cumbre. *Landstraße LP1, 9 km Richtung Norden*

SANTUARIO DE NUESTRA SEÑORA DE LAS ANGUSTIAS (114 C3) (*C6*)

Auf dem Weg nach El Time liegt wenige Kilometer hinter Los Llanos de Aridane auf der linken Seite eine kleine renovierte Kirche mit einer herrlichen kanarischen Decke und der *Figur der Señora de las Angustias*, der Schutzheiligen des Tals, aus dem 16. Jh. – eine der herausragendsten Barockarbeiten auf der Insel. *An der LP 1 | tagsüber geöffnet | Eintritt frei*

PUERTO NAOS

(115 D6) (*C8*) **Rund 10 km südlich von Los Llanos liegt La Palmas Versuch, mit Hilfe eines schwarzen Sandstrands doch noch etwas vom schnellen Touristengeld abzubekommen.**

Auf ganz alten Fotos sieht man Fischerhütten und Frauen in der Badetracht ihrer Zeit. Etwas später dann, zu Beginn der 1980er-Jahre, erkennt man auf den Postkarten auf einem Felsplateau über dem Meer das, was einmal ein Hotel werden sollte: ein riesiges, mehrstöckiges Betongerippe à la Marbella. Irgendwie war den Investoren das Geld ausgegangen, und der Schandklotz wurde schließlich gesprengt. An seiner Stelle steht nun das luxuriöse Hotel Sol La Palma (s. Freizeit & Sport, Am Abend, Übernachten), das größte Haus am Strand und vielleicht sogar auf der Insel. Vom Ort selbst (600 Ew.) ist so gut wie nichts von dem geblieben, was man ein palmerisches Dorf nennen könnte – ein weiteres Beispiel dafür, wie durch den Tourismus gewachsene Strukturen verschwinden.
Der Strand ist hübsch mit Palmen bepflanzt, und über ihm verläuft eine Promenade. Das Leben und Treiben auf der Promenade, wo es Bars mit deutschem Bier gibt, wo Sonnencreme und Liegematten verkauft werden und von wo es zum kühlen Nass nur wenige Schritte sind, ist bunt. In den Jahren 2009 und 2010 haben schwere Stürme den Strand stark beschädigt. Auch die Infrastruktur hat gelitten, viele Gäste blieben aus. Inzwischen hat sich der Ort erholt, der Strand zeigt sich wieder instandgesetzt und gepflegt.

ESSEN & TRINKEN

EL BUCANERO LALY'S BAR

Gemütliches Café und Bar an der Strandpromenade. Draußen kan man den Blick auf Palmen und Meer genießen, allerdings liegt dazwischen noch die Fußgängerzone. Es gibt selbst gebackene Kuchen, Spezialität Apfelkuchen, frisch gepresste Fruchtsäfte und Cocktails. *Paseo Marítimo, 23 | Tel. 663848008 | tgl.*

EL RINCÓN

Restaurant mit stiller Innenhofterrasse und kanarischer Küche. Hier können Sie Gofio-Gerichte probieren und natürlich Fisch essen. *Calle Av. Marítima, 19 | Tel. 922408309 | Mi geschl. |* €€

FREIZEIT, SPORT & STRÄNDE

Die Strände *Charco Verde, Remo, Playa La Bombilla, Las Hoyas* und *Las Monjas* mit FKK liegen nahe dem ● „offiziellen" Strand von Puerto Naos. Auch Nichtgäste können die Wellnesseinrichtungen und das Kinderprogramm des Hotels *Sol La Palma* (s. unten) nutzen. Die *Bike Station La Palma (Avenida Cruz Baja, 3 | Tel. 696357228 | www.bike-station.de)* bietet Touren, Radverleih sowie Werkzeug, Material und Karten.
Zum Angebot der Paragliding-Experten von *Palmaclub (Calle Juana Tabares, 3 | Tel. 672284431 | www.palmaclub.com)* gehören Kurse, Gleitschirmservice und: Tandemflüge!

AM ABEND

Das *Hotel Sol La Palma* (s. unten) bietet ein breites Programm, mitunter auch Folklore. Informationen an der Rezeption.

ÜBERNACHTEN

APARTAMENTOS MARTÍN

Zentral in unmittelbarer Strandnähe gelegen. Meerblick. *17 Apartments | Calle Juana Tabares, 1 | Tel. 922408046 | www.aptos-martin-lapalma.com |* €€

SOL LA PALMA

Hotel mit allen Serviceleistungen eines internationalen Hauses. Tennisplatz, Sauna, Fitnessraum, Pool. *307 Zi., 185 Apartments | Playa de Puerto Naos | Tel. 922408000 | www.solmelia.com |* €€€

TAZACORTE

(114 C4) (🗺 C7) **Fragt man einen älteren Palmero, was ihm zu Tazacorte (7000 Ew.) einfällt, so nennt er meistens zwei Dinge: „Die Kommunisten!" und „Die Mädchen waren dort früher immer moderner gekleidet als anderswo!".**
Letzteres hat sich längst nivelliert, während die Kommunisten in Tazacorte bis heute eine große Anhängerschaft haben. Oft haben sie dort auch den Bürgermeister gestellt. Die Bewohner Tazacortes gelten als wohlhabend, eigenwillig und stolz, aber auch als weltoffen. Der Ort hat sich seinen palmerisch-ländlichen Charakter bewahrt: Es gibt kleine Plazas, enge Gassen und niedrige Häuser, hinter deren Türen Schatten für Erholung und Blumentöpfe für ein schönes Ambiente sorgen. Unterhalb von Tazacorte, jenseits von Bananenplantagen mit alten Fincas, liegt Puerto Tazacorte, der größte Fischereihafen der Insel, inzwischen zum Fähr- und Frachthafen ausgebaut. Dort gibt es einen Strand und ein Meeresschwimmbecken, an dem seit Jahren gebaut wird, sowie eine neue Siedlung und Apartments für Touristen.

Die Geschichte des spanischen La Palma beginnt in Tazacorte. Am 29. September 1492, dem Namenstag des heiligen Michael (San Miguel), des Schutzpatrons von La Palma, stürmte Fernández de Lugo mit Soldaten und Priestern beim heutigen Tazacorte an Land. Tazo, der Guanchenhäuptling der Gegend, fiel im Kampf. Der Name Tazacorte ist von diesem Häuptling abgeleitet. Die Kombination von Tazo und Corte soll zum Ausdruck bringen: „der Hof des Tazo". Die erste Kirche der Insel überhaupt, eine kleine Kapelle, wurde bald nach der Eroberung gebaut, und die Padres begannen mit der Christianisierung der letzten noch verbliebenen Guanchen.

SEHENSWERTES

IGLESIA DE SAN MIGUEL

Die kleine Kirche liegt am Ende der Hauptstraße, die Treppen hinauf. Dort gibt es auch eine kleine Plaza mit einer gekachelten Pergola, auf der schwer die roten Bougainvilleabüsche liegen.

INSIDER TIPP LOS LAVADEROS

Einst wuschen Frauen hier ihre Wäsche, mahlte eine Mühle *gofio,* zeigte ein Kino Filme und erhoben sich die prächtigen Häuser der Bananenbarone. Geblieben ist ein idyllischer Platz mit Brunnen und zwei kleinen Königspalmen am Rand der Bananenplantagen. *Calle Perez Galdos*

MUSEO DEL PLÁTANO

Geschichte des Bananenanbaus, Arbeitsmethoden und Werkzeuge – hier dreht sich alles um die krumme Frucht. *Tazacorte | Camino San Antonio | hinter Los Lavaderos | Mo–Fr 10–13.30 Uhr | Eintritt 4 Euro*

PUERTO TAZACORTE ★

Dieser Ortsteil mit dem Fischerei- und Frachthafen liegt etwa 3 km unterhalb von Tazacorte. Sie können das Einlaufen der Boote und das Entladen beobachten und von der Mole aus angeln.

ESSEN & TRINKEN

CARPE DIEM

Lammbraten, Biofleisch und Vegetarisches, alles frisch zubereitet, in angenehmer Atmosphäre in einem alten Stadthaus. *Calle Nueva, 16 | Tel. 922480235 | Mi–So ab 17 Uhr | €€*

PLAYA MONT

Fischrestaurant, man kann auch draußen unter Kokospalmen sitzen. *El Puerto, 16 | Tel. 922480443 | www.playamont.com | Mi-abends, Do geschl. | €€€*

Freundliches Flair schaffen die Säulen mit Mosaiken in Tazacorte

EL SITIO

Restaurant im Hotel Hacienda de Abajo (s. rechts). Internationale und kreative Küche, z.B. Süßkartoffel mit Avocado und Algen, vieles aus Bioprodukten. Wegen der engen Zufahrt: INSIDER TIPP Auto besser oben im Ort parken. *Calle Miguel de Unamuno, 11 | Tel. 922406000 | €€€*

FREIZEIT & SPORT

Von Tazacorte aus starten mehrmals täglich Boote zu Seeausflügen – am Abend auch ganz romantisch mit Tapas und Sekt –, z. B. zur *Cueva Bonita* oder zu Angeltouren auf hoher See: die „Bussard" *(Tel. 644161003)* und der Glasboden-katamaran „Fancy II" *(Tel. 609531376 | www.fancy2.com)*.

Fans großer Meeressäuger können sich – mit laut Anbieter speziellen geräusch- und vibrationsarmen Booten – zum INSIDER TIPP Walebeobachten hinausfahren lassen (max. 12 Personen). Mit etwas Glück sehen Sie einen der Meeresriesen. *Whale Watching | Puerto Tazacorte | Tel. 644161003 | www.oceanexplorer.es*

ÜBERNACHTEN

APARTAMENTOS LUZ Y MAR

Einfach eingerichtete Apartments mit Dachterrasse; unweit von Meer und Hafen. *10 Apartments | Puerto Tazacorte | Tel. 922428502 | www.buenviaje.es | €€*

INSIDER TIPP HOTEL HACIENDA DE ABAJO

2012 in historischen und neu gebauten Gebäuden eröffnetes Hotel, in dem Kinder unerwünscht sind. Die Räume sind mit antiquarischen Möbeln ausgestattet. *32 Zi. | Calle Miguel de Unamuno, 11 | Tel. 922406000 | www.hoteldehaciendadeabajo.com | €€€*

AUSKUNFT

Información Turística | Calle Isidro Guadalupe, 2 | Di–Fr 10–13.30 u. 16–18 Uhr

DER NORDWESTEN

Diese Region ist, zusammen mit dem äußersten Norden, die am wenigsten für den Tourismus entwickelte. Die traditionelle Isolation vom Rest der Insel und der Welt war eine Ursache dafür, dass von hier besonders viele Menschen nach Venezuela emigrierten, legal und illegal.

Sie kehrten selten zurück in ihre Heimat, die ihnen weniger zu bieten hatte als das Leben jenseits des Ozeans. Viele *canteros* (Terrassenfelder) sind heute noch verlassen. Die rote Erde schimmert durch das von der Sommersonne gelb gedörrte Gras. Die Erde ist fruchtbar, und das Gebiet könnte satte Ernten einbringen. Doch bis die Produkte auf die fernen Märkte gelangen, wo sie dann mit Kartoffeln und Wein aus Spanien konkurrieren müssen, sind die Erlösmargen schon vom Transport aufgefressen. Und der Ziegenkäse, der im Nordwesten erzeugt wird, sowie die zahlreichen Früchte wie Aprikosen, Pflaumen und Pfirsiche können die Bauern nur mühsam ernähren.

Auf der Fahrt von Los Llanos nach Norden findet man das Gebiet bis Tijarafe noch relativ dicht besiedelt. Allenthalben stehen Mandelbäume. Puntagorda ist das Zentrum des gewerblichen Mandelanbaus. Dort findet jährlich Anfang Februar, manchmal auch schon Ende Januar, das vielbesuchte Mandelblütenfest statt. Ab Puntagorda werden die Barrancos tiefer und unzugänglicher, die Bergwände mitunter senkrecht. Die Straße LP1 windet sich in endlosen

 Bild: Puntagorda, Orangenhain

Schön und geruhsam: Im Nordwesten La Palmas finden Sie Stille, eine erholsame Landschaft und nur wenige Touristen

Kehren um kleine Weinfelder, Aprikosen- und Pflaumenhaine und unter mächtigen Kiefern entlang.

Die Sonne brennt heiß hier im Sommer, und erst im hohen Norden weicht die verbrannte Erde einem frischen Grün. Im Winter fällt der Regen häufig und lang anhaltend, taucht das Land in neue Frische und bewirkt manchmal einen Erdrutsch. Für Touristen öffnet sich ein Land voller Stille, ja fast Verschlafenheit. Die Hauptorte Puntagorda und besonders Garafía sind ein Abbild aus Zeiten des alten La Palma, als der Tourismus noch unbekannt war. Es gibt wenige Unterkünfte, dafür einige rustikale Bars und kleine Läden für das Nötige, Wanderwege, eine wunderschöne Mittelgebirgslandschaft und Spuren der Guanchen in einigen Felshöhlen. In dieser Region liegt auch La Palmas höchster Gipfel, der Roque de los Muchachos, mit majestätischen 2426 m Höhe und einem Observatorium. Von dort haben Sie einen tollen Rundblick über die Insel.

GARAFÍA

(110 C2) (🕮 C2) **Von aller Welt vergessen, so scheint es, ist Garafía, mit vollem Namen Santo Domingo de Garafía.** Im Winter stürmt es, der Regen liegt wie ein Ölfilm auf den Fensterscheiben. Da ist es gut, dass es in Garafía Bars gibt, in denen man beim Dominospiel und im geduldigen Warten auf irgendetwas die Zeit herumbringen kann. Die wenigen Dorfstraßen sind dann wie ausgestorben, und die tristen Fassaden schon lange nicht mehr gestrichener Häuser tragen noch mehr zur Verlorenheit dieses Orts bei. Hier gibt es die obligatorische Guardia-Civil-Station, ein Kirchlein, einige Ladengeschäfte und Restaurants, eine Tankstelle, eine Zwergschule – und rund 2000 Menschen, die lange ziemlich abgeschnitten lebten.

Die mangelnde Kommunikation mit dem Rest der Insel war das größte Problem für die Menschen. Durch die Straßenverbindung zwischen Barlovento und Garafía ist Garafía jetzt von Santa Cruz aus bequemer zu erreichen. Vielleicht gibt es nun eine Chance, Investoren heranzuziehen, mehr Geld von der Regierung für dringende Sozialprojekte und einen schnellen Absatzweg für Produkte wie Wein, Ziegenkäse und Holzkohle zu bekommen. Garafía hat in der frühen Francozeit besonders gelitten; noch heute erzählen die Alten, dass man ohne Strafe Kartoffeln nicht auf eigene Rechnung verkaufen durfte. Das war dem Bürgermeisteramt vorbehalten. Für Menschen, die von der Landwirtschaft leben mussten, ein wirksamer Würgegriff. Ganze Nachbarschaften wanderten aus, und die meisten kehrten nicht zurück.

1550 erbaut: Templo de Nuestra Señora de La Luz

SEHENSWERTES

TEMPLO DE NUESTRA SEÑORA DE LA LUZ

Eine der ältesten Kirchen der Insel, erbaut 1550. Besonders schön ist die hölzerne

Kassettendecke im Mudejarstil. *Plaza de Baltazar Martín | tagsüber geöffnet*

ESSEN & TRINKEN

BODEGA TAGALGUÉN

Hinter dem historischen Namen von Garafía verbirgt sich eine kleine Bodega, die vor Ort ökologischen Weinbau betreibt. Man kann die Weine probieren und Tapas essen. *Richtung Friedhof, kurz davor links hoch | Tel. 618 30 93 74 | So geschl.*

LA MATA

Freundliches Restaurant mit kanarischen Gerichten, z. B. *potaje de trigo*, eine Art Getreideeintopf. Auch Ziegen- und Kaninchenbraten stehen auf der Karte. *Calle La Mata | Tel. 9 22 40 06 17 | Mo/Di geschl. | €*

PARRILLA EL BAILADERO

Gegrilltes und Wein aus der Gegend, auch *vino de tea*, der durch das Pinienholz der Fässer harzig schmeckt. *An der Abzweigung von der 832 zum Roque de los Muchachos | Tel. 9 22 40 02 57 | Mo geschl. | €€*

FREIZEIT & SPORT

BADEN UND ANGELN

Unterhalb von Garafía, am Ende der Straße nach El Puerto (ausgeschildert), gibt es einen Parkplatz. Von dort führt ein schmaler Pfad hinunter zu einem alten Anleger und zu einigen Fischerhütten. Der Abstieg dauert 15 bis 20 Minuten. Bei Niedrigwasser können Sie dort in einem kleinen Naturbecken baden und von dort auch angeln. Aber Vorsicht, der Pfad ist eng, steil und kurvig. Bei hohem Wasserstand keinesfalls baden!

ÜBERNACHTEN

Seit 1995 laufen im Gebiet um Garafía einige touristische Projekte, die u. a. von europäischen Trägern initiiert wurden. Es geht vor allem um Volksmuseen, Fabriken für einheimische Erzeugnisse (Käse) und um Unterkünfte im Rahmen des ländlichen Tourismus *(turismo rural)*. In diesem Zusammenhang ist auch die Herberge *San Antonio del Monte* entstanden: Hier wohnen Sie in kleinen Natursteinhäusern *(nur Gruppen ab 10 Pers. | Anmeldung unter Tel. 9 22 40 04 44 | €)*.

ZIELE IN DER UMGEBUNG

GARAFÍA–LAS TRICIAS ★

(110 B–C 2–3) (*🕮 B–C 2–3*)

Die Nebenstrecke in Richtung Süden, von Garafía nach INSIDER TIPP Las Tricias,

MARCO POLO HIGHLIGHTS

★ Garafía–Las Tricias
Auf dieser etwa 10 km langen Nebenstrecke überqueren Sie atemberaubende Barrancos → S. 67

★ Punta de Santo Domingo
Aussichtspunkt hoch über dem Meer, von dem man zum „Hafen" von Garafía hinabsteigen kann → S. 68

★ Roque de los Muchachos
Die beste Aussicht der Insel in majestätischer Höhe → S. 68

★ Viehschau
Tanz, Wein in Strömen und Prämierung von Ziegen, Schafen & Co. in San Antonio → S. 69

★ El Tablado
Wo La Palma zu Ende ist, liegt – umgeben von Bergen und Meer – dieses hübsche Dörfchen → S. 69

Mit 2426 m herausragender Inselhöhepunkt: Roque de los Muchachos

beginnt im Ort Garafía (ausgeschildert) und verläuft unterhalb der LP 1 auf der Landstraße LP 114. Es geht über tiefe Barrancos, die von Höhlen durchzogen sind, vorbei an alten kanarischen Häusern, und der Blick reicht über gelbbraune Hügel zum Meer. In Las Tricias, hinter dem ersten Kaufmannsladen rechts, kommt nach kurzer Zeit auf der rechten Seite der *Drachenbaumhain von Buracas* in Sicht.

PARQUE CULTURAL LA ZARZA (ARCHÄOLOGISCHER PARK LA ZARZA)

(111 D3) (*C–D 2–3*)

Am Ende eines Barrancos liegt unweit von Garafía im Landesinnern die La-Zarza-Höhle *(Fuente de la Zarza)* mit einigen Felsbildern in ihrer unmittelbaren Nähe sowie einem Informationszentrum mit Videoshow. *Oberhalb von Garafía, 10 km auf der Landstraße nach Barlovento | tgl. 11–17 Uhr | Eintritt 2 Euro*

PUNTA Y PROIS DE SANTO DOMINGO ★

(110 B2) (*B2*)

3 km unterhalb von Garafía führt eine Straße (Hinweisschild „El Puerto") zu einem Parkplatz mit Picknickgelegenheit: ein Aussichtspunkt oberhalb der Punta de Santo Domingo. Beim Blick nach Norden sehen Sie riesige Felsen in der Brandung.

ROQUE DE LOS MUCHACHOS ★ ●

(111 E5) (*D4*)

Von Garafía nach Santa Cruz geht es in endlosen engen Kehren in die Höhe. Nach ca. 12 km Fahrt durch einen Kiefernwald und Ginsterfelder erreichen Sie den höchsten Berg La Palmas. Wer den Hinweistafeln (rechts am Verwaltungsgebäude des Observatoriums vorbei) folgt, kommt zum mit 2426 m höchsten Aussichtspunkt der Insel (mit Info-Kiosk). Bei gutem Wetter blicken Sie bis zum Berg Teide auf Teneriffa.

San Antonio zum Leben, hier die ★ traditionelle Vie... einem Volksfest abgehalten wird.

EL TABLADO ★

(111 E2) (*D2*)
Malerisch über zwei Barrancos thronender, abgelegener, ruhiger Weiler an der Nordküste, wo auch imposante Drachenbäume stehen. *Etwa 15 km östlich von Garafía*

SAN ANTONIO DEL MONTE

(111 D2–3) (*C2*)
Etwa 10 km vor Garafia, an der LP 1, liegt dieser kleine Weiler. Einmal im Jahr erwacht die Gegend um die kleine Ermita

PUNTAGORDA

(110 B4) (*B3*) **Der zweite größere Ort in dieser Region ist Puntagorda (1800 Ew.). Von Los Llanos liegt er etwa 26, von Garafía etwa 20 km entfernt an der breitesten Stelle der Insel.**
Tiefe Barrancos mit Höhlen und steilen Wänden behinderten lange den Zugang in das Gebiet. Heute ist Puntagorda dank der gut ausgebauten Landstraße LP 1 schnell erreichbar. Das Gebiet ist trocken und warm. Die Menschen leben überwiegend von der Landwirtschaft. Für viele ist die Gegend um Puntagorda der schönste Teil der Insel. Die vielfältige

STERNENGUCKER

Am Rand des Nationalparks Caldera de Taburiente (2400 m), steht Europas größtes Nachtteleskop, zusammen mit dem William-Herschel-Teleskop, dessen Spiegel einen Durchmesser von 4,20 m hat. Im 1985 errichteten Observatorium arbeiten heute rund um die Uhr Wissenschaftler, Computerfachleute, Ingenieure usw. aus den am Projekt beteiligten Nationen wie Dänemark, Deutschland, Finnland, Frankreich, Schweden, Spanien u. a. Sie können eines der Teleskope kostenlos besichtigen, müssen sich jedoch mindestens zwei Wochen vor Ihrem Wunschtermin per E-Mail anmelden. Ein Formular finden Sie unter *www.iac.es/visits | Postanschrift: Observatorio de Roque de los Muchachos | Apartado de Correos 50 | 38712 Breña Baja | Tel. 922405500 | www.iac.es.* Außerdem gibt es mehrmals im Jahr einen „Tag der offenen Tür“.

Besonders reizvoll ist Puntagorda, wenn die Mandelbäume blühen

Vegetation – Palmen, Drachenbäume, subtropische Früchte und knorrige Kiefern –, die schroffen Berge und das Meer machen den Reiz aus.

ESSEN & TRINKEN

EL JARDIN DES LOS NARANJOS

Kleines, freundliches Lokal mit kanarischer Küche, neben Fleisch und Fisch auch Vegetarisches aus Produkten aus eigenem Ökoanbau. *Carretera el Fayal, 33 | Tel. 922493114 | Di–Fr abends, Sa/So ab 13 Uhr |* €

PARRILLA TERRAZA PINO DE LA VIRGEN

Spezialitäten: Kaninchen und Zicklein in Sauce, auch Wein der Gegend. Man kann unter Bäumen sitzen. *Pino de la Virgen | Tel. 922493228 | tgl. |* €–€€

EINKAUFEN

MERCADILLO

Bauernmarkt mit einheimischen Produkten. *Vor dem Picknickplatz El Fayal | Sa 15–19, So 11–15 Uhr*

ÜBERNACHTEN

Es gibt viele Häuser aus dem Projekt *turismo rural*: restaurierte Landhäuser, die meist von Einheimischen vermietet werden. *www.ecoturismocanarias.com.*

PENSIÓN MAR Y MONTE

Kleine, familiäre Pension. Mit Dachterrasse, hübschem Patio und Gemeinschaftsküche für die Gäste. *5 Zi. | Calle Pino de la Virgen, 7 | Tel. 922493067 | www.la-palma-marymonte.com |* €

ZIELE IN DER UMGEBUNG

BARRANCO IZCAGUA (110 B4) *(B3)*

Tiefe Schlucht mit endemischer Vegetation zwischen El Fayal und Las Tricias.

INSIDER TIPP SAN-MAURO-KIRCHE

(110 A4) *(A3)*

Unterhalb von Puntagorda, in Richtung Küste, gelangen Sie nach wenigen Kilometern zu der aus dem 16. Jh. stammenden Kirche des Schutzpatrons San Mauro Abad. Der Platz am 2001 renovierten Bau unter alten Eukalyptusbäumen in der Nähe einer ebenfalls verfallenen Finca lädt zum Verweilen ein. Das Fest des San Mauro wird in der dritten Augustwoche mit einer Prozession zur alten Kirche gefeiert.

TIJARAFE

(110 B6) (*B5*) **In der Gemeinde Tijarafe leben etwa 2700 Menschen. Die Gegend hat viele europäische Residenten angezogen, wohl auch wegen des milden Klimas und der ursprünglichen Umgebung.**

Die Landschaft ist malerisch: Mandelbäume, Weinfelder, grüne Wiesen und rotbraune Felder, tiefe Barrancos und dichte Kiefernwälder auf den Höhen. Tijarafe selbst ist ein lebendiger Ort, mit schwatzenden Menschen auf den Straßen, regen Bars und einer Vielzahl Geschäfte.

SEHENSWERTES

IGLESIA DE NUESTRA SEÑORA DE CANDELARIA

Im 16. Jh. erbaut und 1973 restaurierte Kirche mit schlichter, aber schöner Holzdecke und Altaraufsatz mit Heiligenporträts. *Im Ortszentrum*

MUSEO CASA MAESTRO

Wie lebte eine Landfamilie im 19. Jh.? Fünf Räume zeigen Einrichtungen und Gerätschaften einer ehemaligen Lehrerwohnung. *Calle 18 de Julio, 11 | Mo–Fr 8–14 Uhr (unregelmäßig) | Eintritt frei*

ESSEN & TRINKEN

EL BODEGÓN ANTONIO MESON

In der Bar trifft man sich zum Schwatz bei Kaffee oder Wein. Lebendiges Ambiente, kleine Speisen wie Tortilla. *Carretera General, 6 | Tel. 9 22 49 06 15 | tgl.*

RESTAURANTE LA MURALLA

Gute Steaks, kanarische Küche, auch vegetarische Gerichte. Das Beste: der INSIDER TIPP der phantastische Ausblick. *Carretera General, 3 km nördlich von Tijarafe | Tel. 9 22 69 53 71 | So-Abend und Mo geschl. | €€*

ÜBERNACHTEN

FINCA VILLARIBA

Ferienhaus für vier Personen im kanarischen Stil. Mit großer Küche, kleinem Pool und Terrasse mit schönem Fernblick. *Calle Las Cabezadas, 30 | Buchung (wochenweise) über: Asociación Casitas La Palma | Calle Gutiérrez Mellado,5 | Los Llanos | www.casitaslapalma.es | €€*

ZIELE IN DER UMGEBUNG

EL LANCE (110 B5) (*B4*)

Zona recreativa, also ein Picknickplatz, mit Schutzdächern, Grillstellen, Toiletten und Wasser. Für Kinder gibt es Schaukeln. An der LP 1 Richtung Puntagorda / *etwa 5 km nördlich von Tijarafe*

LOW BUDG€T

Landwein kann vor Ort beim Winzer preisgünstig probiert und für den Ferienkonsum gekauft werden. An den Straßen weisen die Schilder *ruta del vino* auf einen Winzer hin.

Wer um El Tablado beim Wandern eine gute und günstige Unterkunft sucht, ist in der *Alhergue (5 Zi., 26 Betten | ab 14 Euro/Person | Buchen 24 Std. vor Benutzung unter info@alberguesdelapalma.es oder Tel. 6 72 96 09 50)* in El Tablado richtig.

NATIONALPARK

Viele kommen einzig und allein ihretwegen: Geologen, Biologen, Ornithologen, Höhlenforscher, Alpinisten und Wanderer. Ihre Ausmaße sind nahezu gewaltig – mit rund 10 km im Durchmesser, mit Höhenunterschieden von bis zu 2000 m und mit Gipfeln, die 2400 m in den Himmel steigen und im Winter von Schnee bedeckt sein können. Die *Caldera de Taburiente* (111 D–F 5–6, 115 D–F 1–2) (*D–E 4–5*)**, der „Kessel von Taburiente", ist in vielerlei Hinsicht das Herz der Insel La Palma.**

Hier liegen nicht nur die reichsten unterirdischen Wasserreservoires der Insel. Hier leben auch alle wild vorkommenden Tierarten, gedeihen alle Arten der reichen palmerischen Flora. Die Urlandschaft, zum Teil durch Wanderpfade zugänglich, mit ihren steilen Wänden, ihren Monolithen, Wasserfällen und Bächen, mit alten Kiefern und mit Weitblicken über bizarre Felsen hinweg, ist heute und besonders seit der Einrichtung als Nationalpark zum Wanderparadies geworden.

EINE WASSERHÖHLUNG

Die Caldera ist kein Krater, der durch einen Vulkanausbruch entstanden ist. Jahrelang waren die Wissenschaftler dieser nahe liegenden Ansicht, wofür auch der Name „Kessel", die gängige wissenschaftliche Bezeichnung für einen Vulkankrater, steht. Langwierige Forschungen haben aber bewiesen, dass allein die Wasserkraft und Einstürze im Lauf der Zeit das Gebiet ausgehöhlt ha-

 Bild: Blick in die Caldera de Taburiente vom Weg zum Pico Bejenado

Caldera de Taburiente: Die vielgesichtige Urlandschaft des größten Erosionskraters der Insel ist ein Paradies für Wanderer

ben, mit zahlreichen stehen gebliebenen Felsen, die überwiegend aus Basaltgestein bestehen.

DIE FLORA IN DER CALDERA

In der Caldera kommen, des großen Höhenunterschieds und der damit verbundenen unterschiedlichen Klimazonen wegen, fast alle der auf La Palma heimischen Pflanzenarten vor. Betritt man den Naturpark, ist die Pflanzenwelt noch auf die wärmeren Niederungen eingestellt. Hier wachsen mächtige Maulbeerbäume und verknorpelte Feigenbüsche. Auf den vom Menschen kultivierten Terrassen stehen Orangenbäume, gedeihen Getreide, Tabak und selbst Wein. Sobald Sie die Ebene hinter sich gelassen haben, treffen Sie auf die Kanarische Kiefer. Sie prägt hauptsächlich die Hänge der Caldera. Zusammen mit den Kiefern findet man häufig die *amagante* (Zistrose), eine auffallend hellrosa blühende Pflanze, sowie *faro* (Genosperum), der leuchtend gelb blüht. Beides sind endemische Pflanzen der Kanaren.

An manchen Wasserfällen in der Caldera de Taburiente ist das Wasser rötlichbraun gefärbt

DIE FAUNA IN DER CALDERA

Meist sind es Eidechsen und kleine Spinnen, die man erspäht, und in den Bachläufen und stehenden Pfützen auch eine kleine Froschart. Tausendfüßler und kleine schwarze Spinnen, die schmerzhaft beißen können, verbergen sich unter Steinen. Die Tausendfüßler haben mitunter eine Länge von bis zu 15 cm. Doch wirklich gefährliche Tiere gibt es in der Caldera nicht. Die größten Tiere sind Kaninchen. Am häufigsten werden Sie in der Caldera Vögel beobachten können. Das Krächzen der Krähen hallt von den Felswänden wider, und die *graja,* die palmerisch-endemische Dohle mit ihren roten Füßen und dem roten Schnabel, ist ein ständiger Begleiter auf einer Calderawanderung.

WASSER IM PARK

Kein Naturpark auf den Kanarischen Inseln ist mit Wasser so reich gesegnet wie die Caldera de Taburiente. Mehrere Bachläufe entspringen am nördlichen Rand des Kessels. Aus zahlreichen ★ *Quellen* sprudelt das kühle, klare Nass und fließt über kleine Wasserfälle und rund gewaschene Basaltfelsen abwärts. An manchen Stellen ist es rötlichbraun gefärbt, besonders im INSIDER TIPP *Barranco Almendro Armago*, hervorgerufen durch gelöstes Eisenhydrat.

DER AUFENTHALT IM PARK

Bevor Sie die Caldera de Taburiente und das Grenzgebiet des Nationalparks bewandern, sollten Sie sich im *Besucher-Infozentrum* in El Paso eingehend über alle Gegebenheiten des Parks informieren. Dazu gehören besonders Auskünfte über die lokale Wettersituation, den Zustand der Routen und Wanderwege und gegebenenfalls das Einholen einer Camperlaubnis für den einzig dafür vorgesehenen Platz innerhalb der Caldera. Im Zentrum erhalten Sie auch INSIDER TIPP Karten- oder Skizzenmaterial. Wanderführer werden vermittelt, und man kann sich anhand von Videos und speziellen Infotafeln sehr gut theoretisch auf einen Parkaufenthalt vorbereiten. *Das Besucherzentrum liegt an der Hauptstraße Santa Cruz–El Paso, am Abzweig zur Cumbrecita* (s. S. 55)

WANDERN IN DER CALDERA ★

Ein günstiger Ausgangspunkt für eine Wanderung in der Caldera ist Los Llanos. Sie fahren mit dem Auto am Busbahnhof vorbei Richtung Berge. Bald geht es in die Höhe, unten links sehen Sie den *Barranco de Angustias.* Auf der gegenüberliegenden Seite kleben einige Fincas an einem Hang mit bewirtschafteten Terrassen.
Nach etwa 3 km müssen Sie den Barranco und dessen Bach überqueren. Hier warten täglich ab 8.30 Uhr Taxis *(ca. 50 Euro bei sechs Personen)*, die Wanderer die serpentinenreiche Straße hinauffahren. Nach etwa 8 km erreichen Sie den Endpunkt der Piste in *Los Brecitos* mit seinem Aussichtspunkt. Von dort führt ein gut erkennbarer Wanderweg in den Barranco hinunter. Vom Campingplatz trennen Sie jetzt noch etwa zwei Stunden. Von dort, wo auch das *Besucherzentrum El Paso* (s. S. 55) liegt, können Sie verschiedene Wanderungen unternehmen, Infoblätter dazu erhalten Sie ebenfalls im Besucherzentrum.

WANDERUNGEN MIT AUSSICHT

Die Caldera können Sie auf der Cumbre entlang vollständig umwandern. Zwischendurch gibt es Aussichtspunkte und Gipfel, die Ihnen einen phantastischen Blick über den großen Erosionskessel erlauben. Der *Pico de la Cruz,* über die Landstraße zum Roque de los Muchachos erreichbar, liegt ungefähr 5 km vor dem Gipfel, durch einen Antennenmast leicht zu finden. Von dort folgen Sie entweder südwärts oder nordwärts dem Cumbrewanderweg und gelangen südwärts zur *Piedra Llana* und zum *Pico de la Nieve,* zwei um die 2300 m hohen Gipfeln, von denen Sie einen weiten Blick über die Caldera haben. Diese Aussichtspunkte sind auch von Süden, vom *Refugio el Pilar* aus, zu Fuß zu erreichen.
Wandern Sie vom *Roque de los Muchachos* auf der Westseite der Caldera nach Süden, so gelangen Sie nach *El Time,* dem oberhalb vom *Barranco de Angustias* liegenden Aussichtspunkt mit Restaurant. Bis *El Time* sind es, je nach Ihrer Kondition, sechs bis sieben Stunden. Der Wanderpfad ist zum Teil schlecht erkennbar, und Sie sind gut beraten, zuvor ausführliche Informationen beim Besucherzentrum einzuholen.

REGELN FÜR ALLE FÄLLE

Neben den Naturpark-Rangern gibt es private und von Reiseunternehmen bestellte Wanderführer, die kleine Gruppen durch die Caldera führen. Natürlich können Sie Wanderungen in der Caldera oder auf der Cumbre auch selbst organisieren. Für Wanderungen im Nationalpark gelten folgende Empfehlungen: Wandern Sie niemals allein, tragen Sie Wanderschuhe oder Bergstiefel, verlassen Sie nicht den Weg, schützen Sie sich vor Sonne und Kälte, und führen Sie genug Trinkwasser mit sich.

MARCO POLO HIGHLIGHTS

★ Quellen
Kein Nationalpark auf den Kanarischen Inseln ist so reich mit Wasser gesegnet
→ S. 74

★ Wandern in der Caldera
Mehrere Wanderwege führen zu den schönsten Plätzen des Nationalparks
→ S. 75

ERLEBNISTOUREN

1 LA PALMA PERFEKT IM ÜBERBLICK

START: 1 Los Llanos
ZIEL: 1 Los Llanos

Strecke:
240 km

3 Tage
reine Fahrzeit
8 Stunden

KOSTEN: Leihwagen und Benzin 40 Euro/Tag, Essen & Trinken 35 Euro/Person/Tag, Übernachtungen 55 Euro/Person/Nacht
MITNEHMEN: Badesachen, stabiles Schuhwerk, Wasser, Sonnenschutz, Karte

ACHTUNG: Alle Straßenabschnitte auf dieser Strecke sind sehr serpentinen- und kurvenreich.
Reservieren Sie: 1. Übernachtung in 5 **Garafía**: Gästezimmer Garafía *Tel. 922 40 04 07* (man spricht Deutsch), 2. Übernachtung in 16 **Santa Cruz de La Palma** → S. 36

Jeder Zipfel dieser Erde hat seine eigene Schönheit. Wenn Sie Lust haben, die einzigartigen Besonderheiten dieser Region zu entdecken, wenn Sie tolle Tipps für lohnende Stopps, atemberaubende Orte, ausgewählte Restaurants oder typische Aktivitäten bekommen wollen, dann sind diese maßgeschneiderten Erlebnistouren genau das Richtige für Sie. Machen Sie sich auf den Weg und folgen Sie den Spuren der MARCO POLO Autoren – ganz bequem und mit der digitalen Routenführung, die Sie sich über den QR-Code auf S. 2/3 oder die URL in der Fußzeile zu jeder Tour downloaden können.

Auf einer Fahrt rund um die Insel lernen Sie das bäuerliche Leben in den Dörfern kennen, unberührte Natur – in Form von schroffen Bergen, Kiefernwäldern, Lavafeldern und Ozeanstrand – und das historische La Palma mit Kirchen und Museen.

Von ① **Los Llanos → S. 57** fahren Sie gen Norden in Richtung **Garafía.** Rechts sehen Sie über Bananenfelder die Caldera de Taburiente. Eng sind die Kurven und Serpentinen hinauf zum ② **Mirador El Time → S. 60**. Von dem etwa 600 m hoch gelegenen Aussichtspunkt genießen Sie einen überwältigenden Blick über Los Llanos und die Berghän-

TAG 1

① Los Llanos

11 km

② Mirador El Time

7,5 km

3 Tijarafe

12,5 km

4 Las Tricias

ge der Cumbre. Auf der Weiterfahrt breitet sich links und rechts eine liebliche Landschaft aus und bald ist **3 Tijarafe → S. 71** erreicht. Erleben Sie im **Museum Casa del Maestro**, wie eine bürgerliche Familie im 19. Jh. lebte und besuchen Sie die kleine **Kirche de Señora de Candelaria**. Nun wird die Landschaft rauer, tiefe Barrancos sind zu überqueren, rechts steigen die Berge steil an. **Biegen Sie in Puntagorda von der Hauptstraße nach links auf die verkehrsärmere Landstraße LP 114 in Richtung Garafía ab.** In **4 Las Tricias → S. 67** können Sie sich im kleinen Restaurant **Kiosco El Rincón** *(tgl. | €)* an der Plaza eine Erfrischung gönnen. Interessant sind die **Drachenbäume**, die im Ort wachsen. Sie gelangen zu ihnen **auf einem Pfad unterhalb des**

Dorfplatzes, an Gärten vorbei bis zu einem gepflasterten Weg, wo Sie schon ein paar der Agavengewächse sehen. **Weiter wegabwärts** finden Sie – **hinter einer alten Windmühle** – noch mehr der urigen Bäume. **Weiter geht es nach** ⑤ **Garafía** → S. 66, wo Sie Ihr Tagesziel bereits erreicht haben. **Parken Sie auf Höhe des Rathauses in der Hauptstraße und gehen Sie in die Fußgängerzone in Richtung Kirche. Rechts finden Sie an der Plaza Baltazar Martín** den Laden **Artesania Drago** *(Di–Sa 12–16.30 Uhr | Tel. 922 40 04 07 | www.artesania-drago.de)*, in dem es aus Drachenbaumsamen hergestellten Schmuck gibt. Die Eigentümerin ist die Vermieterin Ihres Gästezimmers in einem Haus am Dorfrand *(1 Zi. für 2–4 Personen | €)*. Checken sie ein, und schlendern Sie durch Garafía mit seinen traditionellen palmerischen Häusern. Ein Spaziergang führt Sie zur ⑥ **Bodega Tagalguén** → S. 67, dessen Besitzer ökologischen Weinbau betreibt. Sie können sich die Weinberge anschauen und den Anbau erklären lassen, allerdings nur auf Spanisch. Hier gibt es ausgezeichnete Weißweine und eine kleine Tapasauswahl. Spazieren Sie weiter hinunter zum ⑦ **Punta y Prois de Santo Domingo** → S. 68, um von dort den Ozeanblick zu genießen, bevor Sie zur Unterkunft zurückkehren.

Auf der LP 112 geht es hinauf zum ⑧ **Parque Cultural La Zarza** → S. 68, wo Sie in einer **Höhle** Felsbilder der Guanchen anschauen können. **Anschließend führt ein Abstecher nach** ⑨ **El Tablado** → S. 69: weiter Blick übers Meer, alte kanarische Häuser, kleine Felder, wenige Menschen. **Zurück auf der Hauptstraße sind es nur noch wenige Minuten bis zum Weiler Roque Faro.** Für eine Mahlzeit empfiehlt sich das Restaurant ⑩ **Los Reyes** → S. 35. Das Zickleinlokal ist La-Palma-weit bekannt. INSIDER TIPP Probieren Sie den geharzten Wein, den gibt es nur hier. Gestärkt geht es weiter. Kiefern und Buschwald prägen die Landschaft. Fahren Sie vorsichtig, denn die Straße ist eng, und sogar hier gibt es mitunter Gegenverkehr. Fast ein wenig unheimlich ist ein 500 m langer Tunnel: Von der Decke tropft Wasser, die Tunnelwände reflektieren kaum die Scheinwerfer. **Auf der anderen Seite wird die Straße breiter und Barlovento** → S. 34 **ist erreicht.** Ein Blick in die Kirche ⑪ **Templo de Rosario** → S. 35 mit dem Taufbecken aus Sevilla lohnt. **Am Ortseingang des nächstgrößeren Ortes, Los Sauces, fahren Sie links hinunter. Es geht nach Puerto Espíndola.** Im kleinen Hafen im Restaurant ⑫ **El Meson del Mar** → S. 36 können Sie einen Drink nehmen und

11,5 km
⑤ Garafía
2 km
⑥ Bodega Tagalguén
1,5 km
⑦ Punta y Prois de Santo Domingo
TAG 2
13,5 km
⑧ Parque Cultural La Zarza
10,5 km
⑨ El Tablado
8 km
⑩ Los Reyes
20 km
⑪ Templo de Rosario
13 km
⑫ El Meson del Mar

Besser geht's nicht: Kaffee unter Palmen und mit Blick auf die Kirche in San Andrés

1 km
⑬ Charco Azul
2 km
⑭ San Andrés
8,5 km
⑮ Mirador de San Bartolomé
15,5 km
⑯ Santa Cruz de La Palma

TAG 3

6,5 km
⑰ Mirador de la Concepción
1,5 km
⑱ Zigarrenmuseum
8 km
⑲ Mazo
27,5 km
⑳ Jardín de La Sal

dazu als Tapa den INSIDER TIPP frisch zubereiteten Pulpo probieren. **Eine Kurve weiter liegen die Naturschwimmbecken von ⑬ Charco Azul → S. 34**, Gelegenheit für ein erfrischendes Bad. Danach vielleicht noch ein Kaffee auf der Terrasse des **Restaurants San Andrés**, direkt bei der Kirche in **⑭ San Andrés → S. 32**, gleich oberhalb der Naturschwimmbecken. San Andrés gehört zu den schönsten Dörfern an der Ostküste, ein Spaziergang lohnt sich! **Weiter in Richtung Süden gelangen Sie zum ⑮ Mirador de San Bartolomé → S. 43**. Genießen Sie den Blick über die Küste! **Auf der LP 1 erreichen Sie ⑯ Santa Cruz de La Palma → S. 36**, wo Sie Ihre vorgebuchte Unterkunft aufsuchen. Zum Abendessen sitzen Sie wunderbar auf der Terrasse des Restaurants **La Placeta**.

Nach dem Frühstück geht's in Richtung Los Llanos zum ⑰ Mirador de la Concepción → S. 51, von wo Ihnen Santa Cruz zu Füßen liegt. Machen Sie in Breña Alta einen Stopp im **⑱ Zigarrenmuseum → S. 48**, dort erfahren Sie alles über La Palmas Traditionshandwerk. Bald danach kommen Sie nach **⑲ Mazo → S. 48**. Samstags und sonntags können Sie den **Mercadillo** besuchen und ein gutes Stück Kuchen, eine Papaya oder ein INSIDER TIPP Glas Zuckerrohrsaft kosten! Das Heimatkundemuseum, die **Casa Roja**, thematisiert die örtliche Stickereikunst. **In Fuencaliente geht es 6 km hinunter zu den Salinen.** Im dortigen Restaurant **⑳ Jardín de La Sal → S. 47** können Sie kostenlos auf einem ausgeschilderten Rundgang alles über die Salzgewinnung erfahren und ein Säckchen Atlantiksalz erstehen.

Weiter geht es über Las Indias hinauf zur Hauptstraße LP 2. Nachdem Sie in San Nicólas nach links auf die LP 211 eingebogen sind, bietet das 21 Museo del Vino → S. 56 die Gelegenheit, die Vielfalt palmerischer Weine zu probieren. Bewundern Sie neben dem Museum die **22 Plaza La Glorieta → S. 56**, ein vom Künstler Luis Morera mit Mosaiken zauberhaft gestalteter Platz. Zeit zum Abendessen? Dann auf nach **23 Puerto Naos → S. 60**, wo im Restaurant **El Rincón** u. a. frischer Fisch serviert wird. Genießen Sie später von der **Promenade** den Blick aufs Meer und einen Absacker in **El Bucaneros Laly's Bar**. Zurück nach **1 Los Llanos** ist es nur ein Katzensprung.

- 30 km
- 21 Museo del Vino
- 0,05 km
- 22 Plaza La Glorieta
- 5,5 km
- 23 Puerto Naos
- 11,5 km
- 1 Los Llanos

2 ZUM DACH DER INSEL

START: 1 Santa Cruz
ZIEL: 6 Mirador Roque de los Muchachos

Strecke: 80 km

1 Tag
reine Fahrzeit 2 Stunden

KOSTEN: Leihwagen ab 20 Euro, Benzin ca. 15 Euro, Essen & Trinken ca. 35 Euro/Person
MITNEHMEN: Badesachen, Anorak, Sonnenschutz, Fernglas, stabile Schuhe, Wasser, Karte

ACHTUNG: Da die Strecke zum **6 Mirador Roque de los Muchachos** sehr serpentinenreich ist, unbedingt einen Tag für die Tour planen! Zwei Wochen vorher anmelden für das **5 Observatorium → S. 69**

Eine vielfältige Landschaft – schroffe Berge, Schluchten, Kiefernwald und baumlose Hochebene – erwartet Sie, in einem Naturschwimmbecken können Sie herrlich schwimmen, und der Höhepunkt der Tour ist der sagenhafte Rundblick vom Roque de los Muchachos, La Palmas höchstem Berg.

Nehmen Sie von 1 Santa Cruz die breite, recht kurvenreiche LP 1 nach San Andrés y Sauces. Wenn Sie auf der spektakulären **Bogenbrücke** über den Barranco del Agua fahren, wissen Sie, dass es bis **2 Los Sauces → S. 32** nicht mehr weit ist. Mit seinen Gewerbebetrieben und Geschäften mit landwirtschaftlichen Artikeln scheint der Ort nicht idyllisch palmerisch. Doch vom **Kirchplatz** (an der Hauptstraße) können Sie schön das Treiben – mit Bananen beladene LKW, geschäftige Landarbeiter, diskutierende Männer mit Sonnenhüten – beobachten, im Sommer blühen dort die blauen **Jaccarandabäume**.

- 1 Santa Cruz
- 22 km
- 2 Los Sauces
- 8 km

3 Naturschwimmbecken Piscinas de La Fajana

31,5 km

4 El Bailadero

Ungefähr 6 km hinter Los Sauces geht es rechts hinunter in Richtung des schon erkennbaren Leuchtturms. Ziel sind dort die 3 Naturschwimmbecken Piscinas de La Fajana → S. 36. Sie sind gut beraten, wenn Sie hier nicht gleich dem ersten, sondern erst dem zweiten Wegweiser (Piscinas de La Fajana) folgen, INSIDER TIPP der Zustand der Straße ist dort deutlich besser. Sonntags kann es an diesem Ort etwas voll sein, doch das Baden, geschützt hinter der Brandung, lohnt allemal. Außerdem gibt es ein Restaurant, **La Gaviota → S. 36**, von dessen Terrasse sich Ihnen ein hübscher Blick auf die wild zerklüftete Nordküste bietet. Nach dieser kleinen Badepause **geht es steil aufwärts, durch Barlovento → S. 34 und dann zur anderen Inselseite. Nehmen Sie die alte, inzwischen ebenfalls geteerte Piste durch den Wald (LP 109) Richtung Garafía,** denn sie ist – mitunter eng und durch mehrere Tunnel führend – etwas abenteuerlicher als die neuere Strecke weiter nördlich (LP 1). Allerdings wird sie bei Bauarbeiten oft zur Einbahnstraße erklärt. **Beim Weiler Roque Faro stoßen Sie auf die neue Straße. Von Roque Faro geht es rasch abwärts**, das Land öffnet sich allmählich, Felder werden sichtbar. **Nachdem Sie das Forsthaus passiert haben, gelangen Sie bald auf den Abzweig nach Santo Domingo de Garafía.** Im Restaurant **4 El Bailadero → S. 67**, einem freundlichen Ort mit einheimischen Gerichten, ist jetzt eine

Vom Roque de Los Muchachos geht der Blick über die ganze Insel – und zum Observatorium

Mittagspause angesagt, bevor Sie anschließend den (ausgeschilderten) Weg **von der LP 1 zum Roque de los Muchachos** → S. 68 einschlagen. Zunächst führt die Straße durch Kiefernwald, der mit der Höhe allmählich spärlicher wird, um schließlich ganz niederem Ginster Platz zu machen. Das **5 Observatorium** → S. 69 auf dem Gipfel können Sie besichtigen, wenn Sie sich frühzeitig anmelden. **Ihr Ziel ist der 6 Mirador del Roque de los Muchachos. Ein Wegweiser und eine geteerte Straße führen zu einem Parkplatz und einem Infokiosk.** Und dann stehen Sie auf dem Dach von La Palma. Der Ausblick ist atemberaubend. Die Küsten der Insel sind auszumachen, und der Blick geht über gewaltige Barrancos in die Tiefe. Wer nicht denselben Weg zurückfahren möchte, kann von hier aus 40 km direkt nach Santa Cruz fahren (Serpentinen).

13 km

5 Observatorium

3,5 km

6 Mirador del Roque de los Muchachos

3 LAVAFELDER UND VULKANE

START: 1 Los Llanos
ZIEL: 1 Los Llanos

Strecke: 100 km

1 Tag
reine Fahrzeit
2 Stunden

KOSTEN: Leihwagen ca. 20 Euro, Benzin ca. 10 Euro, Essen & Trinken 35 Euro/Person, Eintritt 5 Euro/Person inkl. Parkgebühr, Kamelreiten 5 Euro/Person

MITNEHMEN: Wanderschuhe, Picknick, Sonnenschutz, Wasser

Auf dieser Tour spazieren Sie über erstarrte Lava und lauschen ihrem hohlen Klang. Und vom Vulkan San Antonio haben Sie einen grandiosen Blick über Weinberge und Schlackenfelder bis zum Ozean.

1 Los Llanos

7 km

2 Schlackenfeld des Vulkans San Juan

19 km

Von 1 Los Llanos aus folgen Sie der Hauptstraße in Richtung Puerto Naos bis nach Todoque, von dort geht es links weiter Richtung Las Manchas. Schon bald trifft die Straße auf das riesige 2 Schlackenfeld des Vulkans San Juan, der bei seinem letzten Ausbruch 1949 die Gegend mit Lava überschwemmte. Sie fahren quasi über ein erkaltetes Lavafeld. Während des Erkaltens der Lava bildeten sich skurrile Formen heraus, die ehemals flüssige Gesteinsmasse hat sich zu regelrechten Zöpfen verflochten. Steigen Sie aus – INSIDER TIPP etwa 2,5 km hinter Todoque auf der rechten Seite zeigen sich die „Zöpfe" besonders eindrucksvoll – und betreten Sie die Lava. Es klingt hohl unter Ihren Füßen. Sogar Höhlen sollen sich unter dem unebenen Boden verbergen. **In San Nicolás treffen Sie auf die nach rechts**

Auf dem vulkanischen Boden am Vulkan San Juan wachsen heute Kiefern

führende LP 2. Die Strecke wird relativ einsam und kurvenreich, von kleinen Aussichtspunkten können Sie bei gutem Wetter die Nachbarinseln El Hierro und La Gomera ausmachen. Schon von Weitem ist jetzt ein Vulkan zu sehen. **Sie erreichen ihn über Fuencaliente, wo Sie rechts den ausgeschilderten Weg zum Krater des ③ Vulkan San Antonio → S. 47** nehmen und zum Kraterrand hinaufsteigen. Meist weht dort ein ziemlich starker Wind, doch dafür entschädigt der Ausblick aufs Meer und auf die beiden Leuchttürme. Im Westen sehen Sie Las Indias, wo sich die grünen Weinreben hübsch vom dunklen Vulkangestein abheben. Sie wollten schon immer mal auf einem Kamel sitzen? Hier können Sie sich für 5 Euro eine Runde führen lassen. Für das anschließende Mittagessen empfiehlt sich das Restaurant **La Casa de Volcán → S. 46**.

Über Fuencaliente gelangen Sie zum alten Leuchtturm ④ El Faro → S. 47. Hier gibt es eine Dauerausstellung zum Thema Meeresverschmutzung – und auch, wenn das Hinaufsteigen nicht möglich ist, haben Sie doch einen wunderbaren Ausblick. **Zurück in Fuencaliente halten Sie sich auf der Hauptstraße an der Tankstelle rechts Richtung Mazo.** Bald geht es durch dichten Wald. Die Gegend um Monte de Luna – „Mondberg" – ist eine Ödnis. **4 km vor Mazo gibt Ihnen rechts die ⑤ Cueva de Belmaco → S. 51**, eine Wohnhöhle der Guanchen, einen Einblick in die Vergangenheit. **Vor der Ortseinfahrt nach Mazo geht eine**

③ Vulkan San Antonio

12,5 km

④ El Faro

22,5 km

⑤ Cueva de Belmaco

4 km

❻ El Molino

19 km

❼ Mirador Llano de Las Ventas

2,5 km

❽ Refugio El Pilar

16,5 km

❶ Los Llanos

gut ausgebaute Teerstraße rechts hinunter auf die LP 2, unten halten Sie sich nach links, und nach ein paar hundert Metern verweist ein Schild nach links zu ❻ El Molino **→ S. 50**. Dort können Sie den Töpfern bei der Arbeit zuschauen und Töpferwaren kaufen. **Anschließend fahren Sie auf der LP 206 weiter in Richtung Breña Alta. Nach einer Strecke von ca. 6 km biegen Sie links hoch zur Cumbre, fahren durch den Weiler San Isidro und in zahlreichen Serpentinen aufwärts,** die Vegetation wird in dieser Region u. a. durch mächtige Maronenbäume bestimmt. **Etwa 8 km hinter San Isidro befindet sich auf der rechten Seite der ❼ Mirador Llano de Las Ventas**, der Ihnen großartige Ausblicke verschafft. Auf etwa 1500 m Höhe gelangen Sie schließlich zum **❽ Refugio El Pilar** **→ S. 51**, das verborgen im dichten Wald liegt – der richtige Ort für eine Picknickpause, denn dort gibt es Tische, Bänke, sanitäre Anlagen, Grillplätze und einen Kinderspielplatz. **Auf der Rückfahrt über El Paso nach ❶ Los Llanos geht es noch einmal durch ein Schlackengebiet, bevor Sie die Hauptstraße erreichen.**

4 DURCH WEIN UND WALD

START: ❶ Tinizara
ZIEL: ❹ Tijarafe

1 Tag
reine Gehzeit
ca. 5 Stunden

Strecke: **11 km**
leicht
Höhenmeter: 450 m

KOSTEN: Essen & Trinken 35 Euro/Person, ggf. Taxi zum Ausgangspunkt 5 Euro
MITNEHMEN: Wanderschuhe, Sonnenschutz, Trinkwasser, Wanderkarte, evtl. Proviant, Fernglas

ACHTUNG: Am Startpunkt der Tour können Sie Ihr Auto parken. Vom Endpunkt in **❹ Tijarafe** (Ortsmitte) bringt Sie ein Taxi *(Tel. 618 30 93 49)* zum Auto zurück.

Diese Wanderung stellt keine hohen Ansprüche, nur der relativ steile Anstieg zu Beginn verlangt etwas Ausdauer. Es geht durch Weinfelder bis zum Refugio von Tinizara und auf guten Wegen durch Kiefernwald abwärts Richtung Tijarafe.

❶ Tinizara

1250 m

Beginnen Sie am südlichen Ortseingang von ❶ Tinizara, bei der Bushaltestelle 82 an der LP 1. Eine Karte des Wanderwegenetzes an der LP 1 weist Ihnen den Einstieg in den Wanderweg LP 12.1. Zwischen kleinen Landhäusern und Gärten führt der Weg bergan. Dies ist der Teil des Wegenetzes zwischen Tinizaba und Tijarafe, auf dem die landwirtschaftlichen Güter transportiert wurden. **Es geht an einem alten Dreschplatz vorbei weiter bergan. Alte kanarische Häuser folgen, bis der Weg eine asphaltierte Piste kreuzt. Bald haben Sie die ❷ Zona recreativa Llano del Lance → S. 71 erreicht.** Unter schattigen Kiefern können Sie sich ausruhen, hier gibt es Toiletten und fließendes Wasser. Sie sind nun von 890 m auf 1077 m Höhe angelangt. **Halten Sie sich geradeaus, und kreuzen Sie den asphaltierten Weg. Bald kommt eine Zementpiste, dann rechts ein Privatweg. Nachdem Sie noch einmal den asphaltierten Weg gekreuzt haben, bleiben Sie für ca. 300 m auf dem Weg,** jetzt zweigen keine Wege mehr ab, und Sie haben einen herrlichen Blick auf Weinberge, deren Grün in der Sonne mit dem Dunkelgrün der weiter oben zu sehenden Kiefern kontrastiert – eine Landschaft wie aus dem Bilderbuch. **Nach etwa 20 Minuten erreichen Sie das ❸ Refugio de Tinizara.** Hier gibt es noch einmal Gelegenheit zum Ausruhen und Wasserauffüllen.

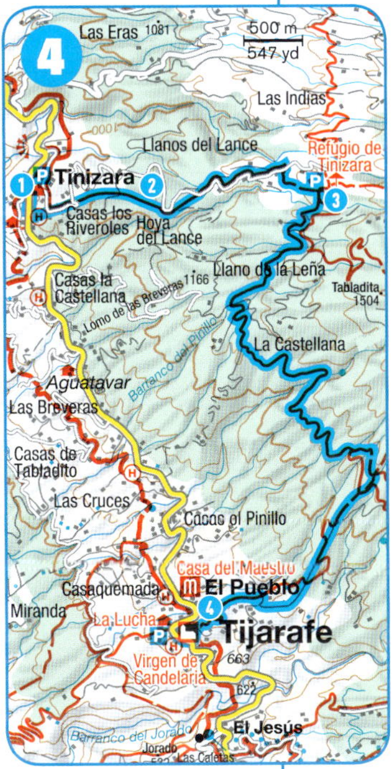

Am Refugio de Tinizara wählen Sie den LP 10 in Richtung Süden. Achten Sie auf die Wegmarkierungen, manchmal fehlen sie, ziehen Sie dann die Wanderkarte zu Rate. Etwa 4 km geht es auf dem LP 10 bergab, später wandern Sie auf einem relativ ebenen Forstweg quer zum Hang. An der nächsten Kreuzung stoßen Sie auf den LP 12, der vom Roque de Los Muchachos herunterkommt. Sie gehen nicht hinauf, sondern folgen ihm nach rechts langsam hinunter in Richtung Tijarafe. Das Gelände flacht ab, Sie kreuzen eine Piste, es geht weiter durch Weinberge. Der Weg wird bald von Trockenmauern eingegrenzt. **Schließlich, nach etwa 4 km, erreichen Sie bei einem Wasserreservoir die Landstraße und somit den Ortseingang von ❹ Tijarafe → S. 71.** An der Hauptstraße liegt die Bar **El Bodegón**, wo Speis und Trank Ihnen neue Kräfte verleihen. Vom **Taxistand** in der Ortsmitte können Sie sich später zu Ihrem Auto chauffieren lassen.

❷ Zona recreativa Llano del Lance

1570 m

❸ Refugio de Tinizara

8100 m

❹ Tijarafe

SPORT & WELLNESS

Bis zum Beginn des Tourismus beschränkten sich die sportlichen Aktivitäten der Insulaner auf den kanarischen Ringkampf, auf Fußball, Sportfischen und die üblichen Schulsportarten.
Einige Wenige konnten sich einen Tennisplatz leisten oder ein Reitpferd halten. Mit dem Tourismus tauchten Sportarten auf, die den Palmeros bestenfalls aus dem Fernsehen bekannt waren, wie Paragliding oder Mountainbiking. Und auch der Wellnesstrend hat mittlerweile die Insel erreicht. Vor allem große Hotels bieten Wohlfühlprogramme.

ANGELN

Wer auf La Palma seine Angelrute auswerfen möchte, benötigt grundsätzlich eine behördliche Genehmigung, deren Beantragung sich nur für Langzeiturlauber lohnt. Sportfischen mit dem Boot organisiert *La Palma Atlantic Experience (Tel. 922 10 64 64 | www.lapalmaexperience.com).*

BOGENSCHIESSEN

Bogenschießen praktizieren und lernen können Sie bei *Ekalis (Villa de Mazo | Tel. 922 44 45 17 | www.ekalis.com).*

KANUSPORT

Auf La Palma gibt es ein Unternehmen, das Kanufahrten im küstennahen Bereich anbietet. Es gibt Fahrten unterhalb des Vulkans Teneguía, an der Küste von Los

Der Tourismus hat dafür gesorgt, dass neben den traditionellen auch neue Sportarten und Aktivitäten angeboten werden

Cancajos entlang und von Puerto Naos nach Charco Verde. Länge der Touren zwischen 3 und 4 km, Dauer bis zu fünf Stunden. *Ekalis | Calle La Molina, 9 | Mazo | Tel. 6 61 90 57 11 | www.ekalis.com*

MOUNTAINBIKING

Die abgelegenen Bergpisten und rund 400 meist geteerte Straßenkilometer sind ein INSIDER TIPP ideales Gelände für Mountainbiker. So z. B. die Strecke von Fuencaliente nach San Nicolás: Es geht überwiegend leicht bergab, und der Ausblick auf den Ozean ist phantastisch. Eine größere Herausforderung sind die Berge. Hier sind die Strecken steil, eng und glatt durch den Nadelboden der Kiefern. Wer an einer geführten Tour teilnehmen möchte, kann sich an diese Veranstalter wenden, die auch Räder vermieten: *Bike'n'fun (Calle Calvo Sotelo, 20 | Los Llanos | Tel. 9 22 40 19 27 | www.bikenfun.de)* oder *Bike Station La Palma (Avenida Cruz Baja,3 | Puerto Naos | Tel. 6 96 35 72 28 | www.bike-station.de)*

PARAGLIDING

Wenn Sie die Vulkane der Insel La Palma im lautlosen Flug aus der Vogelperspektive betrachten wollen, haben Sie, je nach Können, die Möglichkeit mit dem eigenen Schirm oder im Tandem-Mitflug abzuheben. Profis werden im Palmaclub eingehend über Windverhältnisse, Start- und Landeplätze und natürlich über mögliche Gefahren informiert. *Palmaclub | Calle Juana Tabares | Puerto Naos | Tel. 672284431 | www.palmaclub.com*

REITEN

Reiten lernen und Ausritte unternehmen können Sie beim *Centro Hípico Valencia (Calle Valencia, s./n. | El Paso | Tel. 646383 82 | www.reitenlapalma.com).*

SEGELN & WINDSURFEN

Wegen des überwiegend aus Nordost wehenden Passatwinds sowie der felsigen Küsten gibt es keine Angebote zum Segeln oder Windsurfen.

TAUCHEN

La Palma gilt nicht als Tauchrevier erster Kategorie. Vulkanausbrüche haben stellenweise den Meeresboden mit Lava überschwemmt. Muränen und Zackenbarsche kommen häufig vor, hin und wieder tauchen auch Rochen und Thunfische auf. Die Sichtweite beträgt bis zu 50 m, das Wasser ist selbst im Winter noch 20 Grad warm. Kurse und Tauchgänge werden angeboten von *La Palma Diving Center (Centro Los Cancajos | Local 227 | Tel. 922181393 | www.la-palma-diving.com)*, *Tauchpartner La Palma (Puerto Naos | am Ortseingang | Tel. 922408139 | www.tauchpartner-lapalma.de)* oder *Casa de Buceo (Los Llanos | Calle Calvo Sotelo, 16 b | Tel. 663326520 | www.casadebuceo.com).*

WANDERN

La Palma gilt als das Wanderparadies schlechthin. Sie können auf dem Rücken der Vulkane wandern, durch endlose Kiefernwälder streichen, abgelegene Schluchten mit Farnwäldern erkunden, kurze Spaziergänge zu Aussichtspunkten unternehmen oder sich auf eine Dreitageswanderung um die Caldera begeben. Unvergesslich ist eine Wanderung in der Caldera selbst: Die vielfältige Landschaft mit Bächen und Felsen, Auf- und Abstiegen macht dieses Gebiet einzigartig.
Besuchen Sie unbedingt das Besucherzentrum des Nationalparks in El Paso (s. S. 55), um sich über die jeweiligen örtlichen Verhältnisse zu informieren und die Wettersituation zu erkundigen. Die Caldera ist nach Norden hin, zur Haupteinfallsrichtung der Winde, abgeschirmt. Nur selten gelangt der Wind aus dieser Richtung bis hinunter auf die Kesselsohle. Dagegen gibt es Zeiten, in denen der von Afrika herüberkommende, heiße und trockene *levante* in die Caldera drückt. Nachts ziehen durch den *Barranco de Angustias* kalte – und feuchte – Luftströme, die vom Ozean heraufkommen.
Für alle Fälle sollten Sie als Wanderer, der sich länger in der Caldera aufhalten will, wärmere Kleidung für die Nacht dabeihaben und für den Tag nicht ohne eine gegen die Sonne schützende Kopfbedeckung unterwegs sein.
Wer nicht auf eigene Faust losziehen möchte, schließt sich einem professionellen Führer an; Touren werden z. B. angeboten von *Natour Trekking (Los Cancajos | Calle de Corvina, s./n. | Tel. 922433001 | www.natour.travel)* oder *Graja Tours La Palma (Los Llanos | Cami-*

Wandern inmitten von Lorbeerbäumen und Farnen bei Los Tilos

no El Callejón, 31B | Tel. 922107536 | www.wandern-auf-la-palma.de).

Für mehrtägige Wandertouren eignen sich zum Übernachten die *Albergues de La Palma*: meist an Wanderwegen gelegene Hütten, die preisgünstig *(ca. 10 Euro/Pers./Nacht)*, durchaus nicht unkomfortabel und zum Teil auch für größere Gruppen *(bis ca. 10 Pers.)* geeignet sind. Die *Albergues* werden vom *Red de Albergues La Palma (9–14 Uhr | Tel. 672960950 | www.alberguesdelapalma.es)* verwaltet und müssen mindestens 24 Stunden vor der Übernachtung online oder telefonisch vorgebucht werden. Eine Übersicht der Standorte finden Sie auf der Website.

WELLNESS

Zur sauberen Inselluft und dem schönen kanarischen Wetter haben sich in den vergangenen Jahren auch immer mehr Wellnessangebote etabliert. Die großen Hotels wie das *Palma Romantica* (s. S. 34) oder das *La Palma Princess* (s. S. 47) stehen mit Massagen, Bädern, Sauna und vielem mehr in großzügigen Spa-Anlagen auch Nichthotelgästen gegen Gebühr offen. *Buddhacasa* (s. S. 58) bietet u.a. Yoga, Massagen und Shiatsu an. Bei Parami *(Las Norias | www.lapalma-parami.com)* sorgen Ayurvedamassagen und Behandlungen zum Säure-Basen-Ausgleich für Wohlbefinden. Bei *Rosy Martín (Calle La Salud, 3 | Los Llanos de Aridane | www.rosymartin.com)* bringen Massagen mit ätherischen Ölen Tiefenentspannung. Auf die Kräfte der Natur – Meersalz, Aloe vera, Vulkanerde oder Algen – vertrauen z. B. die Beautyprofis von *Auszeit La Palma (Fuencaliente | Tel. 922444669 | www.auszeit-la-palma.de).*

MIT KINDERN UNTERWEGS

Auf La Palma haben, wie in anderen südlichen Ländern auch, Kinder das Privileg von Zuneigung und Gewährenlassen. Touristen mit Kindern werden immer wieder die Ungezwungenheit bemerken, die die Einheimischen beim Umgang mit fremden Kindern an den Tag legen.

Gefahr besonders für kleinere Kinder geht vom Ozean und von den Bergen aus. Beim Baden darf kein Risiko eingegangen werden, man sollte die Kinder nur in den Meeresschwimmbecken oder an sicheren Stränden allein schwimmen lassen, so etwa in Charco Azul oder in Puerto Naos.

Auch die Berge sind nicht ohne Gefahren. Das Herumtoben auf Vulkanascheabhängen kann wegen möglichen Abrutschens sehr gefährlich sein, schmale Wanderpfade ebenso. Erhöhte Aufmerksamkeit ist auch angeraten beim Begehen der kurvigen und engen Straßen, die meistens keinen Bürgersteig haben. La Palma hat in den Bemühungen um eine verbesserte Infrastruktur dem Thema Kinder nur wenig Aufmerksamkeit geschenkt. So gibt es etwa kaum Spielplätze, und Attraktionen wie Freizeit- oder Themenparks und Spaßbäder gibt es erst recht nicht. Dafür bietet die insulare Kultur jede Menge interessanter Möglichkeiten für Kinder und Jugendliche.

DER NORDOSTEN

Neben den zum Baden besonders geeigneten Naturschwimmbädern in La Faja-

 Bild: Hochseilgarten Acropark beim Refugio El Pilar

Wie Tarzan durch den Wald hangeln: Auf dem Abenteuerspielplatz können Kinder sich ordentlich austoben und ihre Kräfte messen

na und Charco Azul gibt es im Nordosten zusammen mit Santa Cruz einige interessante Museen, die Kinder begeistern könnten.

INSIDER TIPP HIMMELSBEOBACHTUNG (117 F2) (🕮 G6)

Dank eines Gesetzes von 1988 zum Schutz des Himmels müssen auf La Palma alle öffentliche Beleuchtungen mit Speziallicht ausgestattet sein, um die Aktivitäten des Observatoriums nicht zu stören. Insofern bietet der dunkle Himmel auch nichtprofessionellen Sternenbeobachtern ideale Voraussetzungen. Was da am Himmel leuchtet, erklären die Führungen von Astrotours *(geeignet für Kinder ab ca. 6 J., Dauer je nach Sicht und Wetter 90 Min.). Astrotours | El Paso | Calle el Rosal, 3 | Tel. 616377227 | www.facebook.com/astrotour | Preis ab 20 Euro*

MAROPARQUE (117 D3) (🕮 F6)

Oberhalb von Santa Cruz, am Rand einer Schlucht, befindet sich ein kleiner Zoo mit Tieren, die nicht unbedingt auf

Auch für Kinder immer wieder spannend: die tosenden Wellen beobachten

La Palma beheimatet sind, etwa Schlangen, Affen, Krokodile, Stachelschweine, Strauße und andere Vögel. *Breña Alta | Calle La Cuesta, 28 | www.maroparque.com | Mo–Fr 11–18, Sa/So 11–19 Uhr | Eintritt Erw. 11, Kinder bis 12 Jahre 5,50 Euro*

MUSEO INSULAR (117 E2) (*G6*)

Das Museum in Santa Cruz bietet für Kinder besonders zwei Abteilungen, die den Besuch lohnenswert machen. In der Naturkundeabteilung sind viele ausgestopfte Tiere zu betrachten, auch besonders seltene, wie etwa der riesengroße Mondfisch, der irgendwann vor der Insel gefangen wurde. *Santa Cruz | Plaza de San Francisco, 3 | www.cablapalma.es | Mo–Sa 10–20, So 10–14 Uhr | Eintritt 4 Euro*

SPIELPLATZ LOS CANCAJOS

(117 E4) (*G6–7*)

In Los Cancajos gibt es einen umzäunten Spielplatz, der allerdings nicht in unmittelbarer Strandnähe liegt: Spielgeräte für Kleinkinder und eine Kletterwand für die etwas Größeren. *Los Cancajos | gegenüber vom Hotel Taburiente | tgl. 10–20.15 Uhr | Eintritt frei*

DER SÜDOSTEN

INSIDER TIPP HOCHSEILGARTEN

(116 C5) (*E7*)

Auf 8000 m² breitet sich im Wald ein Abenteuerparcours aus, zu dem tibetanische Brücken, Seilrutschen, Klettergerüste, Baumbrücken und andere tarzanverdächtige Hindernisse gehören.

Ein Durchgang dauert bis zu einer Stunde. Geschultes Personal achtet auf Sicherheit. Der Parcours ist in Schwierigkeitsgrade für Kinder, Jugendliche und Erwachsene unterteilt. *Refugio el Pilar | Tel. 603830063 | www.acropark.es | Mi–So 10–18 Uhr | Eintritt für 3 Std. Erw. 18, Kinder 6,50, Junioren 14 Euro*

EL MOLINO (117 D5) (*🕮 F7*)
In der Töpferei von El Molino können Sie nicht nur den Töpfern bei der Arbeit zuschauen, sondern mitunter auch das Räderwerk der renovierten Getreidemühle betrachten, die gelegentlich in Betrieb genommen wird. *Hoyo de Mazo | Hauptstraße (ausgeschildert) | Mo–Sa 9–13 und 15–19 Uhr | Eintritt frei*

REFUGIO EL PILAR (116 C5) (*🕮 E7*)
Hier können sich die Kleinen richtig austoben. Es gibt Schaukeln, sehr viel Wald zum Verstecken und vor allen Dingen Grillplätze mit Feuerholz. El Pilar hat außerdem einen Campingplatz, Toiletten und Wasser stehen zur Verfügung. Sonntags kann es voll werden, dann kommen viele Einheimische zu einem ausgedehnten Picknick hierher. *Von San Isidro Richtung Cumbre etwa 8 km | immer zugänglich | Eintritt frei*

SPIELE UND WETTKÄMPFE
(117 D5) (*🕮 F8*)
Höhlentouren, Sackhüpfen, Orientierungsläufe, Animationsprogramme und vieles andere steht auf dem Programm von *Ekalis*, einem Veranstalter, der bei seinen Freizeitangeboten die Umwelt im Blick behalten möchte. Für Erwachsene gibt es zudem geführte Rad- oder Kajaktouren. Da die Angebote immer wieder wechseln, sollte man sich am besten vorab über die Aktivitäten, die bei Mazo und Fuencaliente angeboten werden, im Büro von Ekalis informieren. *Mazo | Calle la Molina, 9 | Tel. 922444517 | www.ekalis.com | Preis ab 20 Euro*

DER SÜDWESTEN

ARTEFUEGO (114 C3–115 D3) (*🕮 C6*)
Dominic Kessler, ein junger, sympathischer Glasbläser, und sein Partner, demonstrieren hier, was sie aus Feuer und Glas machen können. Für Kinder eine aufregende Schau. *Argual | an der Plaza | Vorführung So 10–14 Uhr | Eintritt frei*

FLOHMARKT IN ARGUAL
(114 C3–115 D3) (*🕮 C6*)
Hier gibt es interessante und überraschende Dinge zu sehen und einiges zu probieren, manchmal Unbekanntes wie Zuckerrohrsaft, der frisch aus der Handpresse kommt. *Argual | auf der Plaza | So 9–15 Uhr*

PARQUE ANTONIO GÓMEZ
(115 D4) (*🕮 C–D6*)
Park mit Skulpturen, Wasserläufen, subtropischen Pflanzen und Kinderspielplatz. Es gibt ausreichend Platz zum Herumtoben, und wegen des Zauns sind Ihre Sprösslinge sicher vorm Straßenverkehr geschützt. *Los Llanos, an der Straße Richtung Puerto Naos | Eintritt frei*

DER NORDWESTEN

PICKNICK IM WALD (110 B4) (*🕮 B3*)
Nahe bei Puntagorda liegt an der Hauptstraße der Picknickplatz INSIDER TIPP *El Fayal* mit Grillstellen und Brennholzvorräten. Kinder können auf dem weitläufigen Platz herumtoben und die Schaukeln benutzen – und Kontakte knüpfen: Für die Einheimischen ist dies ein beliebter Platz für einen Wochenendausflug. Allerdings ist der Ort nichts für Ruhesuchende, besonders am Sonntag kann hier Hochbetrieb herrschen.

EVENTS, FESTE & MEHR

Traut man dem Inselkalender, dann kommen die Bewohner aus dem Feiern gar nicht heraus. Mal ist es der Schutzheilige eines Dorfs, zu dessen Ehre eine Fiesta stattfindet. Dann ist es die Ernte von Mandeln oder Wein, die Anlass zum Feiern gibt. Die Termine sind variabel, oft wird das Fest auf den dem eigentlichen Tag nachfolgenden Sonnabend gelegt. Die exakten Termine erfahren Sie im Touristenbüro in Santa Cruz. Die gesetzlichen Feiertage werden unterschiedlich intensiv begangen. Größere Veranstaltungen finden etwa am Día de Canarias und am Día de la Hispanidad statt.

LOKALE FESTE

FEBRUAR

★ ***Mandelblütenfest*** in Puntagorda: Musik, Tanz und viel Wein. Prozession zu Ehren des Schutzheiligen Mauro Abad

★ ***Karneval*** in Santa Cruz und Los Llanos: zahlreiche Umzüge, Tanz in den Straßen, Musikbands. Am Aschermittwoch wird in Santa Cruz in trauriger Prozession eine riesige Sardine zu Grabe getragen.

MAI

Fest des Heiligen Kreuzes am 3. Mai in Las Breñas zur Erinnerung des christlichen Schutzes bei der Eroberung der Insel. Kreuze werden prächtig geschmückt und später prämiert.

INSIDER TIPP ***Fronleichnamsfeier*** in Mazo: Straßen werden mit Teppichen aus Blumen und Pflanzen geschmückt.

JUNI

★ ***Viehmarkt*** in San Antonio del Monte bei Garafía, 12./13. Juni: Viehschau, Viehprämierung, Tanz

JUNI BIS AUGUST

Seit 1680 findet alle fünf Jahre das größte Inselspektakel statt, die ★ ***Bajada de la Virgen*** zur Erinnerung an die Schutzheilige, die in einer Dürreperiode Regen schickte. Umzüge, Tänze, Prozession, Zwergentanz, Singspiele, Konzerte, Volkstanz in Trachten, kulturelles sportliches Beiprogramm. Nächster Termin: 2020

JULI

Nuestra Señora del Carmen in Tazacorte, 16. Juli. Fest zu Ehren der Schutzpatronin der Fischer. Große Prozession geschmückter Boote, Tanz und Umzüge

AUGUST

Weinlesefest in Fuencaliente mit Tanz, viel Wein und Umzügen, Ende August

Zahlreiche Feste das ganze Jahr über: Auf La Palma werden Heilige gefeiert, Kühe prämiert und eine Sardine beklagt

Virgen del Pino in El Paso, letzte Augustwoche. Die Schutzheilige wird in feierlicher Prozession von ihrer Kirche in den Ort getragen.

SEPTEMBER

Teufelsfest in Tijarafe Anfang des Monats. Erscheinung einer als Teufel verkleideten Person, die sich mit Feuerwerkskörpern in die Menge begibt. Tanz und Umzüge
Fest des Erzengels Michael in Tazacorte, Ende Sept. Zur Erinnerung an die Eroberung der Insel am Tag des Hl. Miguel. Umzüge, Tanz und das Spektakel der ***caballos fufos***, bei dem eine Männergruppe mit Pferden aus Papier tanzt.

NOVEMBER

Sankt-Martins-Fest: In vielen Bodegas wird am 11. November der neue Wein angestochen. In den Bodegas der Weinbauern trifft sich die Familie zu einem ausgelassenen Mal mit gerösteten Maronen und prüft, ob der neue Wein hält, was sich der Bauer von ihm versprochen hat.

FEIERTAGE

1. Jan.	*Año Nuevo* (Neujahr)
6. Jan.	*Los Reyes* (Hl. Drei Könige)
19. März	*San José*
14. April 2017, 30. März 2018	Karfreitag
1. Mai	*Día del trabajo* (Tag der Arbeit)
30. Mai	*Día de Canarias* (Tag der Kanarischen Inseln)
25. Juli	*Santiago* (Schutzheiliger)
15. Aug.	*Asunción* (Mariä Himmelfahrt)
12. Okt.	*Día de la Hispanidad* (Entdeckung Amerikas)
1. Nov.	*Todos los Santos* (Allerheiligen)
6. Dez.	*Día de la Constitucíon* (Tag der Verfassung)
8. Dez.	*Inmaculada Concepción* (Mariä Empfängnis)

LINKS, BLOGS, APPS & CO.

LINKS & BLOGS

www.marcopolo.de/lapalma Alles auf einen Blick zu Ihrem Reiseziel: Interaktive Karten inklusive Planungsfunktion, Impressionen aus der Community, aktuelle News und Angebote ...

www.larevistadelapalma.com Musik, Theater, Sportveranstaltungen, Feste – auf den aktuellen Stand aller Veranstaltungen kommen Sie bei La Revista de La Palma. Die Termine sind komplett und aktuell, sodass Sie nichts verpassen

www.lapalma.fuer-uns.de Eine einfach gestaltete, private Website ohne kommerzielle Angebote. Unter „Negatives" steht Wissenswertes über ebendieses: hohe Wellen, Tausendfüßler, Pflanzenschutzmittel, Fischfarmen

www.la-palma-aktuell.de Rundum-Infos zur Insel, wie Bergwandern, Flora und Fauna und zahlreiche Reiseberichte. Impressionsstarke Fotos von Bernhard van Riel: „Geronnene Zeit"

www.la-palma-zentrale.de Interessante Website mit hilfreichen Informationen. Im Forum kann man sich unter anderem über Wanderungen, Strände, Essen, Wein und Unterkünfte austauschen

short.travel/lap3 Wer sich registriert, bekommt zahlreiche Tipps für das Leben auf La Palma, Wandervorschläge, Infos über Veranstaltungen und Restaurantbewertungen

short.travel/lap7 Beschreibung und Kommentare zu mehr als 20 Orten der Insel, aber auch spezielle Infos, etwa zu Urlaub mit Kindern oder Hunden oder auch zum Leben auf La Palma

www.geo-reisecommunity.de Reiseberichte, Fotos und Tipps von und für Individualreisende. Nützliche Querverbindung zu redaktionellen Berichten des Geo-Reisemagazins

short.travel/lap10 Hier erhalten Sie wertvolle Tipps zu Sehenswürdig-

Egal, ob für Ihre Reisevorbereitung oder vor Ort: Diese Adressen bereichern Ihren Urlaub. Da manche sehr lang sind, führt Sie der short.travel-Code direkt auf die beschriebenen Websites. Falls bei der Eingabe der Codes eine Fehlermeldung erscheint, könnte das an Ihren Einstellungen zum anonymen Surfen liegen

keiten, Aktivitäten, Restaurants und können eigene Fragen loswerden. Die Thorn Tree Community weiß bestimmt eine Antwort

www.community.urlaubswerk.de Berichte, Tipps, Kritiken und Fotos für und von La Palma

VIDEOS

short.travel/lap11 Dramatische Bilder vom Vulkanausbruch des Teneguía im Jahre 1971. Fotos zum Thema Vulkane auch bei miguelbravo.com/Variostemas

short.travel/lap6 Das größte Fest der Insel, die Bajada de la Virgen, findet nur alle fünf Jahre statt. Wer sich auf 2020 vorbereiten möchte, kann hier Ausschnitte vom großen Fest im Jahr 2010 sehen

short.travel/lap8 Gleitschirmpilot Josef Gruber zeigt die Insel aus der Vogelperspektive. Man erfährt auch Details zur Landschaft

short.travel/lap9 Szenen vom *lucha canaria*, dem kanarischen Ringkampf – detailliert und atmosphärisch

short.travel/lap12 45-minütige Doku über Landschaften, Traditionen, Menschen und viele Hintergründe mit vielen Fotos. Bietet ein ziemlich komplettes Bild der Insel La Palma

APPS

Spanisch talk&travel Auf La Palma wird kaum Deutsch und noch weniger Englisch gesprochen, da kann die Langenscheidt-App gute Dienste leisten: Übersetzer, Wörterbuch, wichtige Wendungen, Kontakte, Reisen mit Kindern

Tourias-Box Kanarische Inseln Diese App zeigt, was es auf La Palma zu sehen gibt und weist den Weg zu Sehenswürdigkeiten – abgestimmt auf den eigenen derzeitigen Standort. Mit Öffnungszeiten, Eintrittspreisen etc.

Komoot La Palma Eine nützliche App für alle, die auf La Palma einen Aktivurlaub verbringen: ein Routenplaner für Fahrradtouren und Wanderungen, Längen- und Zeitberechnung von Punkt zu Punkt, Höhenprofil, Highlights am Weg, zu finden unter *www.komoot.de/about/mobile.html*

PRAKTISCHE HINWEISE

ANREISE

La Palma wird von Deutschland und anderen europäischen Ländern in etwa fünf Stunden direkt angeflogen. Die großen Reiseveranstalter bieten Pauschalarrangements zwischen 500 und 1500 Euro pro Woche an. Der einfache Hin- und Rückflug (Charter) kostet je nach Saison zwischen 400 und 550 Euro für 14 Tage ohne Unterkunft. Last-Minute-Flüge gibt es für unter 300 Euro hin und zurück für zwei Wochen ohne Unterkunft.

Vom spanischen Festland (Cádiz) fährt in der Regel einmal wöchentlich eine Fähre über Gran Canaria und Teneriffa nach La Palma, von Teneriffa einmal am Tag. Büro der *Trasmediterránea* in Cádiz: *Estación Marítima | Muelle Alfonso XIII | Tel. 956223038 | www.trasmediterranea.es*

GRÜN & FAIR REISEN

Auf Reisen können auch Sie viel bewirken. Behalten Sie nicht nur die CO_2-Bilanz für Hin- und Rückreise im Hinterkopf *(www.atmosfair.de; de.myclimate.org)* – etwa indem Sie Ihre Route umweltgerecht planen *(www.routerank.com)* –, sondern achten Sie auch Natur und Kultur im Reiseland *(www.gate-tourismus.de; www.ecotrans.de)*. Gerade als Tourist ist es wichtig, auf Aspekte wie Naturschutz *(www.nabu.de; www.wwf.de)*, regionale Produkte, wenig Autofahren, Wassersparen und vieles mehr zu achten. Wenn Sie mehr über ökologischen Tourismus erfahren wollen: europaweit *www.oete.de*; weltweit *www.germanwatch.org*

AUSKUNFT

SPANISCHE FREMDENVERKEHRSÄMTER

10707 Berlin | Lietzenburger Str. 99 | Tel. 030 8826543; 1010 Wien | Walfischgasse 8 | Tel. 01 5129580-11; 8008 Zürich | Seefeldstrasse 19 | Tel. 044 2536050; Offizielle Website des spanischen Fremdenverkehrsamts: www.spain.info

AUTO

Die Höchstgeschwindigkeit beträgt in Orten 50 km/h, sonst 90 km/h. Neben einer Anschnallpflicht gilt eine Promillegrenze von 0,3 bei Führerscheinbesitz unter zwei Jahren, sonst 0,5. In allen größeren Orten gibt es Tankstellen. Keine Selbstbedienung! Volltanken heißt *lleno*. Wer mit dem Wagen liegen bleibt, darf sich nur von Unternehmen abschleppen lassen, die dafür eine Lizenz haben. Sie heißen *grua (Tel. 922463742)*. Im Auto müssen stets zwei Warndreiecke mitgeführt werden, damit liegen gebliebene Fahrzeuge an unübersichtlichen Stellen in beide Richtungen gesichert werden können, sowie eine Warnweste, die Sie bei Pannen tragen müssen. Die Polizei ahndet Verkehrsübertretungen sehr streng und mit hohen Bußgeldern (bis zu 600 Euro bei Alkoholmissbrauch). Auf jeden Fall sollte man beim Parken daran denken. Wenn die Bordsteine blau markiert sind, ist nur ein kurzer Halt zum Ein- und Aussteigen erlaubt, rote Bordsteine signalisieren absolutes Halteverbot.

Von Anreise bis Zoll

Urlaub von Anfang bis Ende: die wichtigsten Adressen und Informationen für Ihre La-Palma-Reise

BUSSE

Ein Autobus heißt auf La Palma *guagua*. Alle größeren Orte sind mit ihm von der Hauptstadt bzw. von Los Llanos aus erreichbar, manchmal sogar im Stundentakt, während die entfernt im Norden liegenden Orte nur einmal täglich angefahren werden. In Santa Cruz fahren die Busse von der *Plaza de la Constitución* ab (bei der Post), in Los Llanos vom Busbahnhof.

DIPLOMATISCHE VERTRETUNGEN

Deutsches Honorarkonsulat: *Avenida Marítima, 66 | Santa Cruz de la Palma | Tel. 922420689 | consulado-aleman@palmasol.e.telefonica.net;* Österreichisches Honorarkonsulat: *Calle Costa y Grijalba, 33 | Santa Cruz de Tenerife | Tel. 922023370 | info@consuladoaustriatenerife.com;* Schweizer Konsulat: *Calle Domingo Rivero, 2/Esquina Juan XXIII | Las Palmas de Gran Canaria | Tel. 928293450 | vertretung@las.rep.admin.ch*

GESUNDHEIT

Grundsätzlich genießen alle Bürger aus den Staaten der Europäischen Union Krankenversicherungsschutz in Spanien und somit auch auf den Kanarischen Inseln und La Palma. Sie müssen den Betrag für die Behandlung bar vorstrecken. Es ist ratsam, dass Sie sich bei der eigenen Krankenversicherung erkundigen. Eine ärztliche Konsultation kostet um die 50 Euro. Es gibt einige deutsche Ärzte auf der Insel. Ärztenotdienste sind in den Apotheken angeschlagen, wo es alle gängigen Arzneimittel nach europäischem Standard – meist preiswerter als zu Hause – gibt.

INTERNET & WLAN

In den meisten Gemeindezentren gibt es freie WiFi-Zonen. Auch viele Bars und fast alle Hotels bieten diesen Service an. In den großen Hotels in Los Cancajos kommen Sie ins Netz, wenn Sie die Gebühr (meistens 1 Euro/Stunde) in den WLAN-Münzautomaten stecken.

Es gibt auch einige, wenige Internetcafés. Santa Cruz: *Copy.Com (Calle Cabrera Pinto, 15 | Mo–Fr 9–13.30 u. 17–20, Sa 9.30–13.30 Uhr | 2 Euro/Std.)*; Los Llanos: *Internet Hancore (Calle Avenida Enrique Mederos/Calle Ramón Pol | Mo–Fr 9–14 u. 17–22, Sa–So 10–14 u. 17–22 Uhr | 2 Euro/Std.)*; Puerto de Tazacorte: *Anjos (Calle El Pozo, 23 | Mo–Sa 9–14 u. 17–20 Uhr | 2 Euro/Std.)*

KLIMA & REISEZEIT

Nichts ist wechselhafter auf La Palma als das Wetter. Innerhalb weniger Stunden kann sich der Himmel zuziehen oder aufreißen; auf den Bergen scheint die Sonne, und am Meer sieht man vor lauter Wolken kein Blau mehr – oder umgekehrt. Ab Oktober kann es anfangen zu regnen, beständig zunächst nur, wie aus Kübeln von November bis Januar. In diesen Monaten sinkt auch die Temperatur, zumindest örtlich. In der Höhenlage von Mazo können es dann nachts zehn Grad sein, während tagsüber in Santa Cruz das Thermometer auf 25 Grad ansteigt.

MIETWAGEN

Wer die Insel wirklich sehen will, braucht ein Auto, da der Busverkehr nicht immer dann läuft, wenn man es will. Sie müssen mindestens 21 Jahre alt sein, brauchen einen gültigen Führerschein, Reisepass oder Personalausweis und eine Kreditkarte. Es gibt viele Autovermietungen, vor allem in Santa Cruz und Los Llanos. Aus Versicherungsgründen empfiehlt es sich nicht, Autos von Privatpersonen zu mieten.

ÖFFNUNGSZEITEN

Generelle Kernöffnungszeiten von Museen und Geschäften sind Mo–Sa 9–14 und 17–20 Uhr. Weil die Mittagspause gern einmal ausgedehnt wird, kann es bei privaten kleinen Museen und Geschäften sein, dass die Zeiten von den im Buch genannten abweichen. Auch Restaurants ändern gern mal ihre Öffnungszeiten, rufen Sie besser vorher an.

POLIZEI

Notruf Tel. 112. Für Touristen ist wegen einer eventuellen Diebstahlanzeige die Guardia Civil wichtigste Anlaufstelle. Es gibt sie in jedem größeren Ort.

POST

Briefmarken heißen *sellos* und kosten für Brief oder Postkarte (20 g) in ein EU-Land 0,90 Euro, nach Übersee 1 Euro.

RADIO

Auf Radio Europa empfangen Sie stündlich Nachrichten auf 100,6 MHZ.

WETTER IN SANTA CRUZ

	Jan.	Feb.	März	April	Mai	Juni	Juli	Aug.	Sept.	Okt.	Nov.	Dez.
Tagestemperaturen in °C	21	21	22	22	23	24	25	26	25	25	24	22
Nachttemperaturen in °C	15	15	16	16	17	18	19	20	20	19	18	16
Sonnenschein Stunden/Tag	5	6	7	7	8	9	10	9	8	7	5	5
Niederschlag Tage/Monat	10	6	6	5	3	1	0	0	2	5	11	10
Wassertemperaturen in °C	18	18	18	19	19	20	22	23	22	22	21	20

STROM

220 Volt. Es empfiehlt sich, für Geräte mit Schukosteckern Adapter für verschiedener Steckdosensysteme mitzunehmen.

TAXI

Es ist schwer, am Abend nach 20 Uhr ein Taxi auf der Straße herbeizuwinken. Bei der abendlichen Fährankunft stehen im Hafen Taxis zur Verfügung, Sie können aber auch im Voraus reservieren *(Los Llanos Tel. 922462740, Santa Cruz Tel. 922416070)*.

TELEFON & HANDY

In Spanien nennt man ein Handy *móvil.* Wegen der bergigen Geografie gibt es Gegenden mit schlechtem Empfang. Mit einer spanischen Prepaidkarte entfallen die Gebühren für eingehende Anrufe. Prepaidkarten wie die von Global-Sim *(www.globalsim.net)* oder Globilo *(www.globilo.de)* sind zwar teurer, ersparen aber ebenfalls alle Roaminggebühren. Und: Sie bekommen schon zu Hause Ihre neue Nummer. Immer günstig sind SMS. Hohe Kosten verursacht die Mailbox: noch im Heimatland abschalten!
Vorwahlen: Deutschland 0049, Österreich 0043, Schweiz 0041, Spanien 0034.

TRINKGELD

Es hängt von jedem selbst ab, ob er Trinkgeld gibt. Es ist jedoch üblich, an der Bar ein paar Münzen liegen zu lassen, sofern der Service in Ordnung war.

ZEITUNGEN

Mit einem Tag Verspätung kann man auf La Palma internationale Presseerzeugnisse kaufen. Das größte Angebot gibt es auf dem Flughafen. Darüber hinaus wird auf den Kanarischen Inseln das „Wochenblatt", eine alle 14 Tage in deutscher Sprache erscheinende Zeitung, vertrieben. Es enthält viele Informationen über die Insel und dazu einen umfangreichen Anzeigenteil. Außerdem gibt es auf La Palma einige deutschsprachige Periodika, die kostenlos verteilt werden bzw. in vielen Hotels, manchen Läden und an anderen Stellen ausliegen, z. B. das zweimonatlich erscheinende Vierfarb-Magazin „Disfruta La Palma" mit Tipps zu Restaurants, Veranstaltungen und einer Hintergrundstory zur Insel *(www.disfrutalapalma.com)*.

WAS KOSTET WIE VIEL?

Kaffee	1,50 Euro *für eine Tasse Espresso*
Tapa	ab etwa 4 Euro *je nach Art*
Wein	ab 1 Euro *für ein Glas*
palmerische Zigarren	ab 30 Euro *für 25 Stück*
Taxi	15 Euro *Santa Cruz–Flughafen*
Mietwagen	ab 20 Euro *pro Tag für einen Kleinwagen*

ZOLL

Die EU-internen Bestimmungen über die allgemeine Zollfreiheit beziehen sich nicht auf die Kanarischen Inseln, sie gelten weiterhin als Drittland. Zollfrei zurück ins Heimatland mitbringen dürfen Sie deshalb u. a. nur: 200 Zigaretten, 50 Zigarren oder 250 g Tabak; 1 l Spirituosen über 22 Prozent, 2 l mit weniger als 22 Prozent Alkohol; 50 g Parfum; 500 g Kaffee oder 100 g Tee.

SPRACHFÜHRER SPANISCH

AUSSPRACHE

c	vor „e“ und „i“ stimmloser Lispellaut wie englisches „th“
ch	stimmloses „tsch“ wie in „tschüss“
g	vor „e, i“ wie deutsches „ch“ in „Bach“
gue, gui/que, qui	das „u“ ist stumm, wie deutsches „ge“, „gi“/„ke“, „ki“
j	immer wie deutsches „ch“ in „Bach“
ll, y	wie deutsches „j“
ñ	wie deutsches „nj“

AUF EINEN BLICK

ja/nein/vielleicht	sí/no/quizás
bitte/danke	por favor/gracias
Hallo!/Auf Wiedersehen!/Tschüss!	¡Hola!/¡Adiós!/¡Hasta luego!
Gute(n) Morgen!/Tag!/Abend!/Nacht!	¡Buenos días!/¡Buenos días!/¡Buenas tardes!/¡Buenas noches!
Entschuldige!/Entschuldigen Sie!	¡Perdona!/¡Perdone!
Darf ich ...?	¿Puedo ...?
Wie bitte?	¿Cómo dice?
Ich heiße ...	Me llamo ...
Wie heißen Sie?/Wie heißt Du?	¿Cómo se llama usted?/¿Cómo te llamas?
Ich komme aus ...	Soy de ...
Deutschland/Österreich/Schweiz	Alemania/Austria/Suiza
Ich möchte .../Haben Sie ...?	Querría .../¿Tiene usted ...?
Wie viel kostet ...?	¿Cuánto cuesta ...?
Das gefällt mir (nicht).	Esto (no) me gusta.
gut/schlecht	bien/mal
kaputt/funktioniert nicht	roto/no funciona
zu viel/viel/wenig/alles/nichts	demasiado/mucho/poco/todo/nada
Hilfe!/Achtung!/Vorsicht!	¡Socorro!/¡Atención!/¡Cuidado!
Krankenwagen/Polizei/Feuerwehr	ambulancia/policía/bomberos
Darf ich hier fotografieren?	¿Podría fotografiar aquí?

DATUMS- & ZEITANGABEN

Montag/Dienstag/Mittwoch	lunes/martes/miércoles
Donnerstag/Freitag/Samstag	jueves/viernes/sábado
Sonntag/Werktag/Feiertag	domingo/laborable/festivo

¿Hablas español?

„Sprichst du Spanisch?" Dieser Sprachführer hilft Ihnen, die wichtigsten Wörter und Sätze auf Spanisch zu sagen

heute/morgen/gestern	hoy/mañana/ayer
Stunde/Minute/Sekunde/Augenblick	hora/minuto/segundo/momento
Tag/Nacht/Woche/Monat/Jahr	día/noche/semana/mes/año
jetzt/sofort/früher/später	ahora/enseguida/antes/después
Wie viel Uhr ist es?	¿Qué hora es?
Es ist drei Uhr./Es ist halb vier.	Son las tres./Son las tres y media.
Viertel vor vier/Viertel nach vier	cuatro menos cuarto/cuatro y cuarto

UNTERWEGS

offen/geschlossen/Öffnungszeiten	abierto/cerrado/horario
Eingang/Einfahrt/Ausgang/Ausfahrt	entrada/acceso/salida/salida
Abfahrt/Abflug/Ankunft	salida/salida/llegada
Toiletten/Damen/Herren	aseos/señoras/caballeros
frei/besetzt	libre/ocupado
(kein) Trinkwasser	agua (no) potable
Wo ist ...? / Wo sind ...?	¿Dónde está ...? /¿Dónde están ...?
links/rechts	izquierda/derecha
geradeaus/zurück	recto/atrás
nah/weit	cerca/lejos
Ampel/Ecke/Kreuzung	semáforo/esquina/cruce
Bus/Straßenbahn/U-Bahn/Taxi	autobús/tranvía/metro/taxi
Haltestelle/Taxistand	parada/parada de taxis
Parkplatz/Parkhaus	parking/garaje
Stadtplan/(Land-)Karte	plano de la ciudad/mapa
Bahnhof/Hafen/Flughafen	estación/puerto/aeropuerto
Fähre/Anleger	transbordador/muelle
Fahrplan/Fahrschein/Zuschlag	horario/billete/suplemento
einfach/hin und zurück	sencillo/ida y vuelta
Zug/Gleis/Bahnsteig	tren/vía/andén
Verspätung/Streik	retraso/huelga
Ich möchte ... mieten.	Querría ... alquilar.
ein Auto/ein Fahrrad/ein Boot	un coche/una bicicleta/un barco
Tankstelle/Benzin/Diesel	gasolinera/gasolina/diesel
Panne/Werkstatt	avería/taller

ESSEN & TRINKEN

Reservieren Sie uns bitte für heute Abend einen Tisch für vier Personen.	Resérvenos, por favor, una mesa para cuatro personas para hoy por la noche.
auf der Terrasse/am Fenster	en la terraza/junto a la ventana
Die Speisekarte, bitte!	¡El menú, por favor!

Könnten Sie mir bitte ... bringen?	¿Podría traerme ... por favor?
Flasche/Karaffe/Glas	botella/jarra/vaso
Messer/Gabel/Löffel	cuchillo/tenedor/cuchara
Salz/Pfeffer/Zucker	sal/pimienta/azúcar
Essig/Öl/Milch/Zitrone	vinagre/aceite/leche/limón
kalt/versalzen/nicht gar	frío/demasiado salado/sin hacer
mit/ohne Eis/Kohlensäure	con/sin hielo/gas
Vegetarier/Vegetarierin/Allergie	vegetariano/vegetariana/alergía
Ich möchte zahlen, bitte.	Querría pagar, por favor.
Rechnung/Quittung/Trinkgeld	cuenta/recibo/propina

EINKAUFEN

Apotheke/Drogerie	farmacia/droguería
Bäckerei/Markt	panadería/mercado
Metzgerei/Fischgeschäft	carnicería/pescadería
Einkaufszentrum/Kaufhaus	centro comercial/grandes almacenes
Geschäft/Supermarkt/Kiosk	tienda/supermercado/quiosco
100 Gramm/1 Kilo	cien gramos/un kilo
teuer/billig/Preis	caro/barato/precio
mehr/weniger	más/menos
aus biologischem Anbau	de cultivo ecológico

ÜBERNACHTEN

Ich habe ein Zimmer reserviert.	He reservado una habitación.
Haben Sie noch ...?	¿Tiene todavía ...?
Einzelzimmer/Doppelzimmer	habitación individual/habitación doble
Frühstück/Halbpension/Vollpension	desayuno/media pensión/pensión completa
nach vorne/zum Meer/zum Garten	hacia delante/hacia el mar/hacia el jardín
Dusche/Bad	ducha/baño
Balkon/Terrasse	balcón/terraza
Schlüssel/Zimmerkarte	llave/tarjeta
Gepäck/Koffer/Tasche	equipaje/maleta/bolso
Schwimmbad/Spa/Sauna	piscina/spa/sauna
Seife/Toilettenpapier/Windel	jabón/papel higiénico/pañal
Babybett/Kinderstuhl/wickeln	cuna/trona/cambiar los pañales
Anzahlung/Kaution	anticipo/caución

BANKEN & GELD

Bank/Geldautomat/Geheimzahl	banco/cajero automático/número secreto
bar/Kreditkarte	en efectivo/tarjeta de crédito
Banknote/Münze/Wechselgeld	billete/moneda/cambio

GESUNDHEIT

Arzt/Zahnarzt/Kinderarzt	médico/dentista/pediatra
Krankenhaus/Notfallpraxis	hospital/urgencias
Fieber/Schmerzen/entzündet/verletzt	fiebre/dolor/inflamado/herido
Durchfall/Übelkeit/Sonnenbrand	diarrea/náusea/quemadura de sol
Pflaster/Verband/Salbe/Creme	tirita/vendaje/pomada/crema
Schmerzmittel/Tablette/Zäpfchen	calmante/comprimido/supositorio

TELEKOMMUNIKATION & MEDIEN

Briefmarke/Brief/Postkarte	sello/carta/postal
Ich brauche eine Telefonkarte.	Necesito una tarjeta telefónica.
Ich suche eine Prepaidkarte für mein Handy.	Busco una tarjeta prepago para mi móvil.
Wo finde ich einen Internetzugang?	¿Dónde encuentro un acceso a internet?
wählen/Verbindung/besetzt	marcar/conexión/ocupado
Steckdose/Adapter/Ladegerät	enchufe/adaptador/cargador
Computer/Batterie/Akku	ordenador/batería/batería recargable
E-Mail(-Adresse)/At-Zeichen	(dirección de) correo electrónico/arroba
Internetadresse (URL)	dirección de internet
Internetanschluss/WLAN	conexión a internet/wifi
Datei/ausdrucken	archivo/imprimir

FREIZEIT, SPORT & STRAND

Strand/Sonnenschirm/Liegestuhl	playa/sombrilla/tumbona
Ebbe/Flut/Strömung	marea baja/marea alta/corriente
Seilbahn/Sessellift	funicular/telesilla

ZAHLEN

0	cero	14	catorce
1	un, uno, una	15	quince
2	dos	16	dieciséis
3	tres	17	diecisiete
4	cuatro	18	dieciocho
5	cinco	19	diecinueve
6	seis	20	veinte
7	siete	100	cien, ciento
8	ocho	200	doscientos, doscientas
9	nueve	1000	mil
10	diez	2000	dos mil
11	once	10 000	diez mil
12	doce	1/2	medio
13	trece	1/4	un cuarto

REISEATLAS

Verlauf der Erlebnistour „Perfekt im Überblick"
Verlauf der Erlebnistouren

Der Gesamtverlauf aller Touren ist auch in der herausnehmbaren Faltkarte eingetragen

 Bild: El Tablado, Drachenbaum

Unterwegs auf La Palma

Die Seiteneinteilung für den Reiseatlas finden Sie auf dem hinteren Umschlag dieses Reiseführers

A
B
C
1
2
3
4
5
6
2 km
1.24 mi
Punta de
Punta del M
Punta de Valiero
Santo Domingo
Punta y Prois de
Santo Domingo
El Calvario
Ga
Barranco de Fernando
LP112
Pròis de
Lomada Grande
Cueva
de Agua
LP114
Costa de Triana
Cuevas
de la Buracas
Punta de Izcagua
Los Sab
Barranco
Castillo
Mirador
El Mato
Las Tricias
El Corchete
Punta
Gorda
Costa
del
Polcar
El Pinar
El Fayal
Tomas
Cazeres
El Pueblo
LP1
1209
Tricias
Puntagorda
San Mauro
Don Pancho
629
El Calvario
El Roque
Punta
del
Serradero
Bco. del Roque
Los Riveroles
Playa
de Camariño
Cascajo
Tabladito
Punta de
Domingo Ramos
1516
26
Camellón
Tabladito
El Pinillo
La Cofradía
Barranco
Fuente de Candelaria
Tijarafe
(663)
El Pueblo
114
Playa de las Vinagreras

D
E
F
1
2
4
5
6
Punta de Juan Adalid
El Mudo
Prois de Don Pedro
Costa del Tablado
Costa de Franceses
Juán Adalid
Don Pedro
La Fajana
13
El Tablado
Bco. Fagundo
Franceses
Gallego
LP1
Ermita
San Antonio
Casas
Roque Faro
La
Malta
Vaqueros
1154
Parador
Parque Cultural
de la Zarza
Palmeras
38
LP109
3
Franceses
Barranco
LP4
2
Las Moradas
Briestas
2028
Fuente de
Cordero
Fuente de
Marcos
Fuente Nueva
2366
Observatorio
Astrofísico
2426
11
Pico de la Cruz
Refúgio
2351
Roque de los
Muchachos
Caldera
de Taburiente
Piedra Llana
Pico de las Nieves
2230
14
Parque Nacional de la Caldera de Taburiente
Río Taburiente
Cueva
de Tanausu
Somada Alta
1926
Casas de
Taburiente
Roque Idafe
Los
Brecitos
115
Pico del Cedro
1914

A
B
C
1
2
5
6
Prois de Don Pedro
Costa del Tablado
Costa de Franceses
Punta
de Topaciegos
Don Pedro
2,5
13
La Fajana
El Tablado
Bco Fagundo
Franceses
Gallegos
La
Tosca
LP1
6
5
3,5
3
8
Casas
Roque Faro
La
Malta
3
38
Palmeras
LP109
Franceses
7
2
Barranco
Reserva de
Biosfera El Ca
y Los Ti
2
4
12
Las Moradas
2028
Fuente Nueva
2366
Observatorio
Astrofísico
2426
11
Roque de los
Muchachos
Pico de la Cruz
2351
Refúgio
Fuente de
Cordero
Fuente de
Marcos
Parque
Monumento
al Infinito
Barranco
34
Piedra Llana
2321
LP4
Caldera
de Taburiente
14
Parque
Nacional
de la Caldera
de Taburiente
Pico de las Nieves
2230
Río Taburiente
Cueva
de Tanausu
Casas de
Taburiente
Roque Idafe
Los
Brecitos
116
Pico del Cedro
1914

D
E
F
1
2
3
4
5
6
2 km
1.24 mi
Gaviota
Punta del Corcho
Piscinas del Fajana
Punta Cumplida
La Fajana
Las Paredes
El Turco
La Cuesta
Punta Salvajes
Aparicio
312
Roque Negro
796
Apariejo
San Andrés
Hoyagrande
Puerto Espíndola
Charco Azul
Molino Hidraulico
El Regente
Punta Gorda
Los Sauces
LP1
La Cruzchiquita
y Sauces
San Andrés
Verada de
las Lomades
Agua
Punta El Guincho
Llano del Pino
Garachico
San Juan
El Roque
Los Galguitos
La Galga
Mirador
de San Bartolomé
Cubo
de la Galga
Playa de Nogales
El Peñón
Cueva del
Infierno
El Granel
Nogales
Puntallana
Punta
Salinas
717
28
(417)
Zamagallo
San Juan
de Puntallana
LP1
recreativa
Santa Lucia
LP102
Tagoja
Tenagua
Punta
Santa Lucia
Los Alamos
Caleta de la Sancha
113
117

A
110
B
C
4
1
2
3
4
5
6
Tabladito
El Pinillo
LP1
Barranco
La Cofradía
Tijarafe
(663)
Fuente de Candelaria
El Pueblo
Playa de las Vinagreras
2,5
El Pinar
Playa del Mocán
Mon. Natural
del Barranco
del Jorado
El Jesús
Cueva de Candelaria
Playa de Jurado
2,5
1
Cueva Bonita
Punta de la Corvina
Arecida
Las Cabezad
4
Punta de los Gomeros
La Es
6
Punta del Moro
La Punta
594
6
Mirador
El Time
Ermit
Las A
10
3
Punta de Juan Graje
Puerto de Tazacorte
4
LP2
La
Punta
OCÉANO
(101)
Tazacorte
2
Roques de D.Pedro
Playa de la Viña
Playa del Perdi
Roques de las Herma
Playa N
ATLANTICO
Roques del Becerro
Casas La
2 km
1.24 mi

D
E
F
1
2
3
4
5
6
111
115
118
Cueva de Tanausu
Somada Alta
1926
Rio Taburiente
Casas de Taburiente
Parque Nacional de la Caldera de Taburiente
Pico del Cedro
1914
Los Brecitos
Roque Idafe
1387
La Caldera
La Cumbrecita
1309
Mirador de las Chozas
Mirador de los Roques
Corralejo
2044
1854
Pico Bejenado
8
1854
Barranco de las Angustias
Time
Oveja
Compamento
Aula de la Na
El Riachuelo
LP302
Los Barros
Los Llanos de Aridane
Pedregalcs
El Paso
(664)
Barrial
Valencia
9
Ermita Virgen del P
Centro de Visitantes
15
(344)
Las Rosas
Hermosilla
Pueblo Parque
El Paraíso de las Aues
El Calvario
Icona
LP3
28
3
Triana
Tajuya
La Laguna
LP2
Parque Natural de Cumbre Vieja
Todoque
Todoque
349
Los Campitos
LP212
Refugio de El Pilar
7
Zona recreativa
1808
Pico Birigoyo
LP210
LP211
San Nicolás
Ermita de San Nicolás
Las Manchas
Plaza La Glorieta
Museo del Vino
Volcán San Juan
1848
Montaña Los Ch
Naos
Barranco de los Hombres
Jedey
Vieja
Charco Verde
Playa del Pozo

A
B
C
112
Cueva de Tanausu
Casas de Taburiente
Parque Nacional de la Caldera de Taburiente
Parque Natural de Las Nieves
Pico del Cedro
1914
Los Brecitos
Roque Idafe
El C
La Cumbrecita
1309
Mirador de las Chozas
Mirador de los Roques
Corralejo
2044
Pico Bejenado
1854
8
Ovejas
Compamento Aula de la Naturaleza El Riachuelo
LP302
Valencia
Barrial
El Paso
(664)
9
Centro de Visitantes
Ermita Virgen del Pino
Reventon
1435
Pueblo Parque
Icona
LP3
El Paraiso de las Aues
El Calvario
28
Tajuya
LP2
Parque Natural de Cumbre Vieja
Cumbre Nueva
Todoque
Zona recreativa
Refugio de El Pilar
7
1505
Los Campitos
LP212
LP211
1808
Pico Birigoyo
San Nicolás
Ermita de San Nicolás
Las Manchas
La Glorieta
Museo del Vino
Volcán San Juán
1848
Montaña Los Charcos
Jedey
Barranco de los Hombres
27
Vieja
118
Charco Verde

recreativa
D
E
F
Santa Lucia
113
LP102
Tagoja
Tenagua
Punta Santa Lucia
Caleta de la Sancha
Los Alamos
Sanatorio
Micra
Costa de Miranda
Las Nieves
Miranda
Santuario de de las Nieves
Cádiz
La Palmita
Convento de San Francisco
El Planto
Quintero
Cast. de Santa Catalina
LP20
El Salvador
Buenavista de Arriba
Santa Cruz
de la Palma
Mon. Natural del Risco de la Concep.
Arrecife (Lanzarote)
Glorieta de la Concepción
Santa Cruz de Tenerife,
Las Palmas de Gran Canaria
Botaza
San Pedro
de Breña Alta
Playa de Bajamar
Punta Los Guinchos
Breña Alta
LP2
Ermita del Socorro
El Fuerte
Playa de los Cancajos
Parador
Punta de la Arena
Las Ledas
Los Cancajos
Los Cristianos (Tenerife)
San Sebastian de la Gomera
Dragos Gemelos
San José de Breña Baja
Breña Baja
Parador
San Antonio
Ermita Santa Rosalia
Punta de las Palomas
LP301
Monte Breña
Aeropuerto de la Palma
La Rosa
LP206
SPC
Lodero
Ermita de los Dolores
Playa del Hoyo
Casa Roja
El Pueblo
Mazo
San Blas
Villa de Mazo
Callejones
El Roque
LP2
31
San Simón
Punta del Andén
La Sabina
Punta del Moro
Playa del Pozo
2 km
1.24 mi
Ermita San Juán
Cueva de Belmaco
Malpaises
Playa del Burro

A
B
C
115
Las Manchas
2,5
1,5
Ermita de San Nicolás
Volcán San Juán
Plaza La Glorieta
Museo del Vino
Casas La Bombilla
Jedey
Barranco de los Hombres
Parque
Montañ
Vieja
Cumbre
Puerto Naos
Playa del Pozo
Charco Verde
Charco Verde
5
27
10
3
1
Cráter de Hoyo Negro
Mendo
El Remo
Punta del Cabestro
Playa El Remo
Ermita de Santa Cecilia
LP2
Volc
Aldea del Charco
Ruta de los Volcánes
Vi
Punta Banco
4
Playa y Bajas de la Zamora
Las Indias
Cueva de las Palmeras
Punta del Hombre
4,5
3
(722)
Punta Resbaladera
7
2,5
1
Lo
Los Quemados
657
Fu
Punta Vuelta del Toro
Kiosko Punta Larga
Punta Larga
Volcán de San Antonio
6
5,5
439
5
Punta Gruesa
Volcán de Teneguía
Playa Echentive
Caleta del Ancón
Punta Malpique
Playa del Faro
Pu
1
2
3
4
5
6

D
E
F
31
LP2
117
Punta del Andén
1
Punta del Moro
3
Playa del Pozo
Playa del Burro
San Simón
La Sabina
1
Cueva de Belmaco
Ermita San Juán
Malpaises
Salemeras
Punta las Salineras
2
Charcos
atural
de
umbre
Refugio de Tigalate
16
6
5,5
3,5
4,5
5
Tigalate
Tiguerorte
Punta de la Barqueta
Playa de la Barqueta
Roques de Niares
1,5
Bahía de los Roques
3
Punta de Tigalete
Monte de Luna
LP2
4
Playa Martín
Playa del Rio
Playa de los Roquitos
2,5
4
Las Caletas
Los Roques de Anaga
El Puertito
arios
2
aliente
alma
Los Lázaros
5
3
El Guincho
Playa de las Cabras
Punta Malpaís
de Fuencaliente
2 km
1.24 mi
6

KARTENLEGENDE

Autobahn · Gebührenpflichtige Anschlussstelle · Gebührenstelle · Anschlussstelle mit Nummer · Rasthaus mit Übernachtung · Raststätte · Kleinraststätte · Tankstelle · Parkplatz mit und ohne WC	Trento 11 P P	Motorway · Toll junction · Toll station · Junction with number · Motel · Restaurant · Snackbar · Filling-station · Parking place with and without WC
Autobahn in Bau und geplant mit Datum der voraussichtlichen Verkehrsübergabe	Datum Date	Motorway under construction and projected with expected date of opening
Zweibahnige Straße (4-spurig)		Dual carriageway (4 lanes)
Fernverkehrsstraße · Straßennummern	14 E45	Trunk road · Road numbers
Wichtige Hauptstraße		Important main road
Hauptstraße · Tunnel · Brücke		Main road · Tunnel · Bridge
Nebenstraßen		Minor roads
Fahrweg · Fußweg		Track · Footpath
Wanderweg (Auswahl)		Tourist footpath (selection)
Eisenbahn mit Fernverkehr		Main line railway
Zahnradbahn, Standseilbahn		Rack-railway, funicular
Kabinenschwebebahn · Sessellift		Aerial cableway · Chair-lift
Autofähre · Personenfähre		Car ferry · Passenger ferry
Schifffahrtslinie		Shipping route
Naturschutzgebiet · Sperrgebiet		Nature reserve · Prohibited area
Nationalpark · Naturpark · Wald		National park · natural park · Forest
Straße für Kfz. gesperrt		Road closed to motor vehicles
Straße mit Gebühr		Toll road
Straße mit Wintersperre	XII-II	Road closed in winter
Straße für Wohnanhänger gesperrt bzw. nicht empfehlenswert		Road closed or not recommended for caravans
Touristenstraße · Pass	Weinstraße 1510	Tourist route · Pass
Schöner Ausblick · Rundblick · Landschaftlich bes. schöne Strecke		Scenic view · Panoramic view · Route with beautiful scenery
Heilbad · Schwimmbad		Spa · Swimming pool
Jugendherberge · Campingplatz		Youth hostel · Camping site
Golfplatz · Sprungschanze		Golf-course · Ski jump
Kirche im Ort, freistehend · Kapelle		Church · Chapel
Kloster · Klosterruine		Monastery · Monastery ruin
Synagoge · Moschee		Synagogue · Mosque
Schloss, Burg · Schloss-, Burgruine		Palace, castle · Ruin
Turm · Funk-, Fernsehturm		Tower · Radio-, TV-tower
Leuchtturm · Kraftwerk		Lighthouse · Power station
Wasserfall · Schleuse		Waterfall · Lock
Bauwerk · Marktplatz, Areal		Important building · Market place, area
Ausgrabungs- u. Ruinenstätte · Bergwerk		Arch. excavation, ruins · Mine
Dolmen · Menhir · Nuraghen		Dolmen · Menhir · Nuraghe
Hünen-, Hügelgrab · Soldatenfriedhof		Cairn · Military cemetery
Hotel, Gasthaus, Berghütte · Höhle		Hotel, inn, refuge · Cave
Kultur		**Culture**
Malerisches Ortsbild · Ortshöhe	WIEN (171)	Picturesque town · Elevation
Eine Reise wert	★★ MILANO	Worth a journey
Lohnt einen Umweg	★ TEMPLIN	Worth a detour
Sehenswert	Andermatt	Worth seeing
Landschaft		**Landscape**
Eine Reise wert	★★ Las Cañadas	Worth a journey
Lohnt einen Umweg	★ Texel	Worth a detour
Sehenswert	Dikti	Worth seeing
MARCO POLO Erlebnistour 1		**MARCO POLO Discovery Tour 1**
MARCO POLO Erlebnistouren		**MARCO POLO Discovery Tours**
MARCO POLO Highlight	1	**MARCO POLO Highlight**

FÜR IHRE NÄCHSTE REISE ...

ALLE **MARCO POLO** REISEFÜHRER

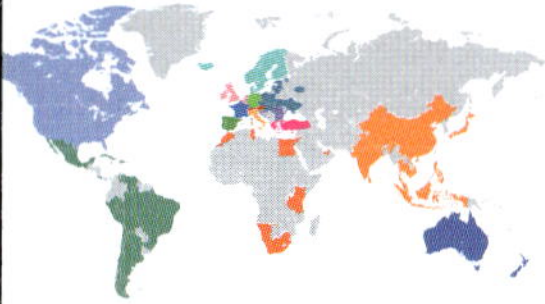

DEUTSCHLAND
Allgäu
Bayerischer Wald
Berlin
Bodensee
Chiemgau/
Berchtesgadener
Land
Dresden/
Sächsische Schweiz
Düsseldorf
Eifel
Erzgebirge/
Vogtland
Föhr & Amrum
Franken
Frankfurt
Hamburg
Harz
Heidelberg
Köln
Lausitz/Spreewald/
Zittauer Gebirge
Leipzig
Lüneburger Heide/
Wendland
Mecklenburgische
Seenplatte
Mosel
München
Nordseeküste
Schleswig-Holstein
Oberbayern
Ostfriesische Inseln
Ostfriesland/Nord-
seeküste Nieder-
sachsen/Helgoland
Ostseeküste
Mecklenburg-
Vorpommern
Ostseeküste
Schleswig-Holstein
Pfalz
Potsdam
Rheingau/
Wiesbaden
Rügen/Hiddensee/
Stralsund
Ruhrgebiet
Schwarzwald
Stuttgart
Sylt
Thüringen
Usedom
Weimar

ÖSTERREICH SCHWEIZ
Kärnten
Österreich
Salzburger Land
Schweiz
Steiermark
Tessin
Tirol
Wien
Zürich

FRANKREICH
Bretagne
Burgund
Côte d'Azur/
Monaco
Elsass
Frankreich
Französische
Atlantikküste
Korsika
Languedoc-
Roussillon
Loire-Tal
Nizza/Antibes/
Cannes/Monaco
Normandie
Paris
Provence

ITALIEN MALTA
Apulien
Dolomiten
Elba/Toskanischer
Archipel
Emilia-Romagna
Florenz
Gardasee
Golf von Neapel
Ischia
Italien
Italienische Adria
Italien Nord
Italien Süd
Kalabrien
Ligurien/
Cinque Terre
Mailand/
Lombardei
Malta & Gozo
Oberital. Seen
Piemont/Turin
Rom
Sardinien
Sizilien/
Liparische Inseln
Südtirol
Toskana
Venedig
Venetien & Friaul

SPANIEN PORTUGAL
Algarve
Andalusien
Barcelona
Baskenland/
Bilbao
Costa Blanca
Costa Brava
Costa del Sol/
Granada
Fuerteventura
Gran Canaria
Ibiza/Formentera
Jakobsweg
Spanien
La Gomera/
El Hierro
Lanzarote
La Palma
Lissabon
Madeira
Madrid
Mallorca
Menorca
Portugal
Spanien
Teneriffa

NORDEUROPA
Bornholm
Dänemark
Finnland
Island
Kopenhagen
Norwegen
Oslo
Schweden
Stockholm
Südschweden

WESTEUROPA BENELUX
Amsterdam
Brüssel
Dublin
Edinburgh
England
Flandern
Irland
Kanalinseln
London
Luxemburg
Niederlande
Niederländische
Küste
Schottland
Südengland

OSTEUROPA
Baltikum
Budapest
Danzig
Krakau
Masurische Seen
Moskau
Plattensee
Polen
Polnische
Ostseeküste/
Danzig
Prag
Slowakei
St. Petersburg
Tallinn
Tschechien
Ungarn
Warschau

SÜDOSTEUROPA
Bulgarien
Bulgarische
Schwarzmeerküste
Kroatische Küste
Dalmatien
Kroatische Küste
Istrien/Kvarner
Montenegro
Rumänien
Slowenien

GRIECHENLAND TÜRKEI ZYPERN
Athen
Chalkidiki/
Thessaloniki
Griechenland
Festland
Griechische Inseln/
Ägäis
Istanbul
Korfu
Kos
Kreta
Peloponnes
Rhodos
Samos
Santorin
Türkei
Türkische Südküste
Türkische Westküste
Zákinthos/Itháki/
Kefalloniá/Léfkas
Zypern

NORDAMERIKA
Chicago und
die Großen Seen
Florida
Hawai'i
Kalifornien
Kanada
Kanada Ost
Kanada West
Las Vegas
Los Angeles
New York
San Francisco
USA
USA Ost
USA Südstaaten/
New Orleans
USA Südwest
USA West
Washington D.C.

MITTEL- UND SÜDAMERIKA
Argentinien
Brasilien
Chile
Costa Rica
Dominikanische
Republik
Jamaika
Karibik/
Große Antillen
Karibik/
Kleine Antillen
Kuba
Mexiko
Peru & Bolivien
Yucatán

AFRIKA UND VORDERER ORIENT
Ägypten
Djerba/
Südtunesien
Dubai
Israel
Jordanien
Kapstadt/
Wine Lands/
Garden Route
Kapverdische
Inseln
Kenia
Marokko
Namibia
Rotes Meer & Sinai
Südafrika
Tansania/Sansibar
Tunesien
Vereinigte
Arabische Emirate

ASIEN
Bali/Lombok/Gilis
Bangkok
China
Hongkong/Macau
Indien
Indien/Der Süden
Japan
Kambodscha
Ko Samui/
Ko Phangan
Krabi/
Ko Phi Phi/
Ko Lanta/Ko Jum
Malaysia
Nepal
Peking
Philippinen
Phuket
Shanghai
Singapur
Sri Lanka
Thailand
Tokio
Vietnam

INDISCHER OZEAN UND PAZIFIK
Australien
Malediven
Mauritius
Neuseeland
Seychellen

Viele MARCO POLO Reiseführer gibt es auch als eBook – und es kommen ständig neue dazu!
Checken Sie das aktuelle Angebot einfach auf: www.marcopolo.de/e-books

REGISTER

In diesem Register sind alle im Reiseführer erwähnten Orte und Ausflugsziele aufgeführt. Gefettete Seitenzahlen verweisen auf den Haupteintrag.

SCHREIBEN SIE UNS!

Egal, was Ihnen Tolles im Urlaub begegnet oder Ihnen auf der Seele brennt, lassen Sie es uns wissen! Ob Lob, Kritik oder Ihr ganz persönlicher Tipp – die MARCO POLO Redaktion freut sich auf Ihre Infos.
Wir setzen alles dran, Ihnen möglichst aktuelle Informationen mit auf die Reise zu geben. Dennoch schleichen sich manchmal Fehler ein – trotz gründlicher Recherche unserer Autoren/innen. Sie haben sicherlich Verständnis, dass der Verlag dafür keine Haftung übernehmen kann.

MARCO POLO Redaktion
MAIRDUMONT
Postfach 31 51
73751 Ostfildern
info@marcopolo.de

IMPRESSUM
Titelbild: Santo Domingo de Garafia, Drachenbaum (Look: S. Lubenow)

Fotos: Aqua Fun Tours S. L.: Jürgen Langenberger (18 u.); DuMont Bildarchiv: Zaglitsch (28 l.); R. Freyer (10, 29, 66); Getty Images: M. Harrington (3), S. Pytel (19 u.), M. Teijeiro (7); O. Heinze (8); huber-images: O. Fantuz (68/69), Lukasseck (38/39), R. Schmid (4 u., 17, 26/27, 34, 52/53, 72/73, 92/93); Laif: M. Gonzalez (30), G. Hänel (4 o., 24, 64/65, 76/77), M. Kirchner (59, 88/89), Liebsch (97), M. Sasse (2, 60, 80); Laif/hemis.fr: G. Gerault (51); Laif/Le Figaro Magazine: Compoint (6, 20/21, 98 o.); Look: S. Lubenow (1 o.), J. Richter (31, 99), J. Sackermann (54, 98 u.), T. Stankiewicz (70); Look/age fotostock (30/31); mauritius images: R. Adler (44/45), I. Bölter (108/109), Flirt (11), J. Warburton-Lee (91), G. Wild (32/33); mauritius images/age: A. Dawson (74), K. Kozlowski (23); mauritius images/Alamy: (28 r., 46), marinuse-People (94), K. J. Smith (41), Ukraft (56); mauritius images/ANP Photo: M. Leinhos (Klappe r.); mauritius images/Astrakan Images (18 o.); mauritius images/imagebroker: Corneli (48), H. Laub (19 o.), M. Siepmann (85); mauritius images/Prisma: R. Gerth (12/13), K. Kreder (14/15); picture-alliance: K. Rose (96); picture-alliance/blickwinkel: A. Laule (18 M.); H. Schulz (1 u.); O. Stadler (Klappe l., 36), T. Stankiewicz (96/97); vario images/Chromorange (83), vario images/imagebroker (5, 9, 63); vario images/Westend61 (43)

13. Auflage 2017
Komplett überarbeitet und neu gestaltet

Chefredaktion: Marion Zorn
Autor: Horst H. Schulz; Redaktion: Petra Klose
Verlagsredaktion: Susanne Heimburger, Tamara Hub, Nikolai Michaelis, Kristin Schimpf, Martin Silbermann
Bildredaktion: Gabriele Forst, Anja Schlatterer
Im Trend: wunder media, München
Kartografie Reiseatlas: © MAIRDUMONT, Ostfildern; Kartografie Faltkarte: © MAIRDUMONT, Ostfildern
Gestaltung Cover, S. 1, S. 2/3, Faltkartencover: Karl Anders – Büro für Visual Stories, Hamburg; Gestaltung Innen: milchhof:atelier, Berlin; Gestaltung Erlebnistouren: Susan Chaaban Dipl.-Des. (FH)
Sprachführer: in Zusammenarbeit mit Ernst Klett Sprachen GmbH, Stuttgart, Redaktion PONS Wörterbücher

Printed inChina

BLOSS NICHT

Rücksicht auf palmerische Sitten und Gebräuche ist geboten

BESTEHLEN LASSEN

Eigentlich sind die Touristen auf La Palma bisher von den typischen kleinen und großen Schummeleien, Betrügereien und Übervorteilungen, wie man sie aus vielen anderen Regionen kennt, verschont geblieben. Es gibt hier keine aufsässigen Straßenhändler, keine Nepptouren, keine sogenannten Gratisveranstaltungen.

Jedoch sind in den letzten Jahren zunehmend Diebstähle aus abgestellten Mietautos und offen stehenden Apartments gemeldet worden. Deshalb sollten Sie auf keinen Fall irgendetwas von Wert in Ihrem Mietwagen lassen. Gerade die Parkplätze bei den bekannten Aussichtspunkten sind besonders häufig Schauplätze von Autoaufbrüchen.

MIT DEM FEUER SPIELEN

Nahezu in jedem Jahr brechen auf La Palma Waldbrände aus, die, vom Wind angefacht, mitunter von den Bergen hinunterkommen und Ortschaften bedrohen. Dabei entstehen manche Brände nur, weil Menschen zu leichtsinnig sind oder unbedacht handeln: offene (illegale!) Lagerfeuer, weggeworfene Zigarrenreste oder beim Picknick liegengelassene Flaschen, die wie ein Brennglas wirken – all das kann die Ursache für einen Brand sein. Also: absolute Vorsicht ist geboten!

STEINE MITNEHMEN

Grundsätzlich dürfen den Lavafeldern keine Steine entnommen werden. Besonders auf den Zopflavafeldern des San Juan ist für viele die Versuchung groß, ein Stück Zopf als Reiseandenken nach Hause mitzunehmen. Aber Vorsicht: Mitunter gibt es diesbezüglich Kontrollen bei der Ausreise.

AUS DER ROLLE FALLEN

Viele Palmeros sind entsetzt über das Erscheinungsbild mancher Touristen. Halb nackt ein Lokal betreten, nackt baden, womöglich inmitten der einheimischen Familien, oder ohne Hemd in den Ortschaften herumlaufen, all das sollten Sie mit Rücksicht auf die palmerische Lebensweise unterlassen.

Zum guten Verhalten den Palmeros gegenüber gehört auch, dass Sie auf keinen Fall versuchen sollten, einen Wunsch durch ein paar Geldscheine zu realisieren. Und: Die palmerischen Märkte und Läden sind keine orientalischen Basare, grundsätzlich gilt der geforderte Preis für eine Ware.

VERKEHRSREGELN MISSACHTEN

Im Tunnel ohne Licht fahren? Den Wagen im Parkverbot abstellen? Geschwindigkeit überschreiten? Gar unter Alkoholeinfluss fahren? Das kann auf La Palma teure Folgen haben. Bis zu 600 Euro kann ein Verkehrsvergehen kosten. Es wird scharf und häufig kontrolliert, auch nachts, wenn so manch einer aus der Bodega kommt. Nichtspanische Papiere oder die Tatsache, dass Sie einen Mietwagen fahren, bietet keinesfalls Immunität.